Languedoc-Roussillon

Gisela Buddée

MERIAN-TopTen

Höhepunkte, die Sie unbedingt sehen sollten

1 Prozession de la Sanch in Perpignan
Am Karfreitagnachmittag beginnt in Perpignan mittelalterliches Treiben (→ S. 23).

2 Les Arènes in Nîmes
Nicht einmal Italien hat ein schöneres römisches Amphitheater zu bieten (→ S. 37).

3 Aven Armand
Ganze Wälder von Stalagmiten, steinernen Blumen und bizarren Gestalten sind in dieser Höhle zu bewundern (→ S. 46).

4 Pont du Gard
Die berühmteste Wasserleitung der Welt, von genialen römischen Architekten geplant (→ S. 50, 92).

5 Cirque de Navacelles
Jahrtausende hat der Vis gebraucht, um einen 400 m tiefen Talkessel in das Kalkgestein zu graben (→ S. 62).

6 Grand Hôtel in Sète
Um 1880 wurde es erbaut und besitzt nach wie vor das faszinierende großbürgerliche Flair jener Zeit (→ S. 65).

7 Cité de Carcassonne
Die meistbesuchte Festungsanlage Europas ist die mittelalterliche Oberstadt von Carcassonne (→ S. 67).

8 Château de Peyrepertuse
Wie ein riesiger Adlerhorst ragt die halb verfallene Katharerburg auf (→ S. 71, 94).

9 Die Küstenstraße von Banyuls nach Cerbère
Die N 114 schlängelt sich am Meer entlang bis hin zu den Pyrenäen (→ S. 85).

10 Mit dem Hausboot auf dem Canal du Midi
Beschirmt von einem Dach aus Platanen, reist man per Schiff gemächlich durch eine reizvolle Landschaft (→ S. 96).

MERIAN-Tipps →
finden Sie auf Seite 128

Inhalt

Erläuterung der Symbole

Für Familien mit Kindern besonders geeignet

Diese Unterkünfte haben behindertengerechte Zimmer

CREDIT *Alle Kreditkarten werden akzeptiert*

Keine Kreditkarten werden akzeptiert

Preise für ein Doppelzimmer ohne Frühstück in der Hauptsaison Mai bis September:

●●●● *ab 160 €* ●● *ab 70 €*
●●● *ab 100 €* ● *ab 45 €*

Preise für ein Hauptgericht (ohne Getränke):

●●●● *ab 30 €* ●● *ab 15 €*
●●● *ab 23 €* ● *ab 8 €*

Karten und Pläne

Die Buchstaben-Zahlen-Kombinationen im Text verweisen auf die Planquadrate der Karten, z. B.
→ S. 113, D 3 Kartenatlas
→ S. 57, c 2 Detailkarte innen
→ Umschlagkarte hinten, d 4

Mit Straßenkarte

TÜV SÜD
1. GEPRÜFTER REISEFÜHRER
MERIAN *live!*

Schnelle Orientierung	Klarer Aufbau. Übersichtliche Seiten, Verzeichnisse und Karten
Kompakte Informationen	Alles über Ziele und Umgebung in Kürze, viele nützliche Tipps
Aktuelle Inhalte	Angaben werden laufend kontrolliert und aktualisiert

Extra MERIAN Quiz → S. 25

Das Languedoc-Roussillon stellt sich vor

Das Amphitheater von Nîmes (→ S. 36) dient nicht nur als Kulisse für einen beschaulichen Nachmittag. Dreimal im Jahr finden hier Stierkämpfe statt, aber auch Sänger und Schauspieler lieben die Atmosphäre der Arena.

Wilde Wasser, abenteuerliche Höhlen, verlassene Dörfer, lebendige Städte und rote Felsen liegen über blauem Meer zwischen Rhône, Cevennen und Pyrenäen.

Knapp 200 Kilometer hinter Lyon fängt es an. Ganz allmählich verändert sich die Landschaft, wachsen Zypressen blaugrün in den (hoffentlich) wolkenlosen Himmel, werden die von der Sonne gebleichten Ziegeldächer rosagrau, und Landkarte und Wegweiser fordern eine Entscheidung: weiter auf der **Route du Soleil**, wie die teure Autobahn freundlich verspricht, oder rechts entlang der Rhône? Rechts vielleicht, weil es schöner ist, durch das **Ardèche-Tal** zu fahren, weil man endlich den Süden erreicht hat – und der Urlaub gleich hier beginnt.

Neugierige lockt es seit Jahresbeginn 2005 vielleicht zu einem Umweg nach Westen, über Saint-Etienne und durch den zauberhaften Wallfahrtsort Le Puy-en-Velay am historischen Jakobsweg, um über dem Tarn-Tal die höchste Brücke der Welt zu bewundern oder zu befahren. Sie beseitigt nicht nur die Lücke in der Autobahn Paris–Montpellier, sondern ist schon während der Bauzeit zum Pilgerziel für die Freunde der Industriearchitektur geworden.

Von den Cevennen bis zu den Pyrenäen und zum Mittelmeer erstreckt sich westlich der Rhône eine der ältesten Kulturlandschaften Frankreichs, deren zahlreiche Freunde meist mehr als Sand und Strand suchen, auch wenn es beides reichlich gibt. Wer hierher kommt, möchte auch wandern oder klettern und im Winter Ski laufen. Oder er ist neugierig auf die vielen Spuren der Vergangenheit. Auf diese trifft man in den fünf Départements **Lozère**, **Gard**, **Hérault**, **Aude** und **Pyrénées-Orientales**, die alle zum Languedoc-Roussillon gehören, eigentlich auf Schritt und Tritt.

Um einiges älter als die berühmten Höhlenmalereien von Lascaux in der Dordogne – auf bis zu 32 000 Jahre – schätzen Experten das Alter der **Felsmalereien**, die der Höhlenforscher Jean-Marie Chauvet im Winter 1994/95 bei **Vallon-Pont-d'Arc** im Ardèche-Tal entdeckte: Ganze Herden von Wildpferden, Rindern, Raubkatzen und Rhinozerossen schienen den Wissenschaftlern im Gefolge Chauvets aus einer steinzeitlichen Bildergalerie entgegenzuspringen. Dass diese Urbilder nicht im Original zur Besichtigung freigegeben werden, ist schon beschlossen. Aber in Vallon-Pont-d'Arc zeigt eine Ausstellung Fotografien und einen Film über die sensationelle Entdeckung. Die Erfahrungen mit Lascaux zeigten, dass Atemluft und Schweiß der Besucherscharen den prähistorischen Kunstwerken mit der Zeit so zusetzen, dass der Traum des Bürgermeisters von seinem touristisch aufstrebenden 2000-Seelen-Dorf erst einmal Vision bleibt. Gendarmen hüten den Schatz hinter Stahltüren, und nur Forschern wird Zugang gewährt. Leichter zugänglich im oft kargen Land zwischen Rhône, Mittelmeer und Pyrenäen sind dagegen die Hinterlassenschaften der Römer und Griechen, Kimbern und Teutonen, Phönizier, Iberer, Araber und Kreuzzügler: Kirchen und Klöster, Weinberge und Festungen, enge Gassen und Platanenalleen, Höhlen, amphitheaterähnliche Kalkkessel oder Brunnen, aus denen bisweilen sogar warmes Wasser sprudelt. Felsenmeere und Wasserfälle bestimmen das Gesicht dieser Landschaft. Auch heute noch sind manche Orte nur zu Fuß zu erreichen.

Bilder von vor 32 000 Jahren

Steine, Kalk und Schiefer

Kaum vorstellbar, dass die Ebenen einst zu den am dichtesten besiedelten Gebieten Europas gehörten. Nur wenige Kilometer abseits der großen Straßen werden verstreute Dörfer und Städtchen aus einer nur scheinbar vergangenen Zeit zur Entdeckung.

Am **Mont Lozère** liegen wie von Riesenhand geworfene, große Granitkugeln am Hang verstreut, in den **Causses** schieben sich gewaltige Kalkplateaus übereinander, und in den **Cevennen** pressen sich Schieferplatten senkrecht auf. Steine überall, und viele verlassene Häuser werden zum Verkauf angeboten.

Im Tal des **Gardon** dann plötzlich ein Bambuswald. Das Mikroklima macht es möglich. Kein Wunder, dass sich hier ein Zeltplatz an den anderen reiht. Sie entstanden überall in den schönen Lagen an den Flüssen Tarn, Ardèche und Cèze.

Als ebenso resistent wie die südfranzösischen Bauern gegen die EU-Vereinbarungen der Pariser Regierung erweisen sich die historischen Gemäuer gegen neuzeitliche Stadt- und Straßenplanungen. Sie bleiben, wie sie schon immer gewesen sind. Nur dort, wo Urlauber Kletter- und Kajakparadiese entdeckt haben, wachsen die Ortsränder mit Ferienhaussiedlungen bis weit in die Berge und Täler hinein.

Dickköpfigkeit hat hierzulande eine lange Geschichte, wie der Fund zweier Schädelfragmente in den 70er-Jahren bei Tautavel im Roussillon belegte. Ihr Alter schätzt man auf etwa 455 000 Jahre, womit es sich bei ihnen um Europas älteste erhaltene Köpfe handelt. Keine Spuren gibt es aus dieser Zeit von prähistorischen Feuerstellen, dafür von Pferden, Rentieren und wildem Wein. Die Knochenfragmente und unterschiedliche Funde aus 20 Bodenschichten kann man in einem kleinen Museum bewundern und sich dort auch vom Urmenschen (über Tonband) seine Geschichte erzählen lassen.

Schafe bahnten die Wege

Erst mit Beginn des 5. Jahrhunderts vor unserer Zeitrechnung begannen die Menschen hier, Äcker zu bebauen, Vieh zu halten und sesshaft zu werden. Generationen von Schafherden grasten über viele hunderte von Jahren richtige Schneisen in die Landschaft, auf denen ihre Nachfolger noch heute zu ihren Sommerweiden gelangen. Wenige sind es geworden. Nach und nach zogen die jungen Leute aus den Cevennen, der Lozère und den steinigen Causses in das Tal und an die Küste, wo das Leben für sie erträglicher war. Einige ihrer Kinder und

Meisterhafte Steinmetzarbeiten in der Prieuré de Serrabonne bei Bouleternère.

An besonderen Festtagen kann man noch heute die traditionellen Trachten sehen.

Enkel kehrten in den letzten Jahrzehnten zurück, um die Häuser ihrer Vorfahren als Sommer- und Wochenendhäuser wieder auszubauen und sie an Urlauber zu vermieten, die den heißen Städten im Süden und den lauten Stränden am Meer den Rücken kehren wollen. Mittlerweile steigt auch im Winter immer öfter Rauch aus den Kaminen der Wohnhäuser und der Hotels, spätestens dann, wenn die Städter zum Skilanglauf in die nahen Berge kommen. Eisig kalt bläst hier oben der Nordwind, während man sich an der Küste noch zum Apéritif auf der sonnenwarmen Terrasse trifft.

Städte mit Moderne und Antike

Die von Paris lange vergessenen Städte des Midi sind schön geworden, wenn auch zum Teil gegen den erbitterten Widerstand der Bewohner. Dennoch, die zunächst geschmähten postmodernen Prachtbauten brachten den verantwortlichen Bürgermeistern letztlich doch die gewünschten Wahlerfolge. Erst die seit 1982 von Mitterrand ermöglichte Dezentralisierung machte dies möglich, weil sie den Bürgermeistern das Recht verlieh, auch ohne Einverständnis der Zentralregierung in der Hauptstadt Baugenehmigungen zu erteilen. In **Montpellier** und **Nîmes** kontrastiert die Architektur des ausgehenden 20. Jahrhunderts mit der der Römer, ohne sie zu stören. Vielleicht liegt es auch daran – und an der »ausverkauften« Provence –, dass nun die Immobilienpreise in der Region rasant steigen, während immer mehr Franzosen aus dem Norden hier ein Domizil für den Ruhestand suchen. Oder eine Geldanlage.

Parallel zur **Via Domitia**, der 118 v. Chr. begonnenen Piste zum Mittelmeer hin, verbindet die Autobahn schon seit Jahren Ferienorte bis zur spanischen Grenze. Noch finden zu wenige Urlauber Gründe, ins Land abzubiegen, obwohl immer mehr Tourismusinitiativen mit den Reizen der Region werben, die wie geschaffen scheint zum Wandern, Kanufahren und Angeln. Um Pfingsten herum, und manchmal auch noch während der französischen Sommerferien im Juli und im August, drängeln sich Franzosen, Belgier, Deutsche und Engländer in Kajaks und Kanus in den Schluchten der dann wilden Flüsse. Eng wird es auf der Ardèche, gemütlicher geht es auf der stilleren und flacheren Cèze zu. Energisch vertreiben die Einheimischen mittlerweile die Fülle wilder Camper aus Wäldern und Wiesen.

Von etwa sechs Millionen Urlaubern, die Jahr für Jahr in Frankreichs drittgrößte Ferienregion kommen, zieht es die meisten ans Meer. Hauptferienziele sind die Départements Hérault und Pyrénées-Orientales. Nur sechs Prozent der Besucher verbringen ihre Ferien im Département Lozère im Norden der Cevennen in sommerkühlen Wäldern und Bergen. Drei Viertel von denen, die sich nach dem Frühstück mit Kindern, Hund und Oma einen Platz an den weiten Stränden suchen, sind Franzosen. Anfang der 60er-Jahre war in Paris die Idee entstanden, den fast 200 Kilometer langen Sumpfstreifen an der Küste trockenzulegen und Ferienzentren aus dem Sand zu stampfen. Der den Küstenbewohnern versprochene wirtschaftliche Aufschwung durch Ausnutzung von Küste und Klima floss allerdings wie so oft in die Taschen der Pariser Investoren. Der Plan, die Franzosen, die bislang an der spanischen Küste Urlaub machten, im Lande zu halten, ging jedoch auf; zudem ist das Languedoc-Roussillon schon Frankreichs führende Nudistenregion, und in vielen Bade- und Kurorten wird seit einigen Jahren Thalassotherapie angeboten, der ideale Wellness-Urlaub für Wasserfreunde.

La Grande-Motte, der »große Steinhaufen« westlich des Fischerdörfchens **Le Grau-du-Roi**, erregte mit seinen pyramidenförmigen Häusern, die so konstruiert wurden, dass in alle Appartements möglichst lange Sonne und Licht einfällt, weltweites Aufsehen. Der sechs Kilometer lange Strand mit seinen Diskotheken, Restaurants und dem Yachthafen lockt immer noch alle diejenigen in das zu Beginn umstrittene Bauprojekt, die an der Küste nicht nur Erholung suchen. Auch bei den Franzosen aus den nahen Städten gilt die Anlage als wesentlich schicker als das »gewöhnliche« und gewachsene Le Grau-du-Roi. Dafür ist das diesem benachbarte **Port-Camargue** mit 4500 Liegeplätzen einer der größten Yachthäfen Europas. Größter Badeort der Region aber bleibt unangefochten **Cap d'Agde** mit 160 000 Betten.

Kleiner und weniger extravagant reihen sich die Küstenorte bis **Sète** aneinander, meist auf Landzungen den vormals winzigen Orten vorgelagert, die oft kaum etwas von ihrem ursprünglichen Charakter bewahrt haben. Die Reihe der Feriendörfer setzt sich hinter Sète, hauptsächlich mit Retortenorten, fort. Erst im **Roussillon**, vor den Ausläufern der Pyrenäen unterhalb einer der schönsten Straßen im Süden gelegen, erreicht man die hübschen kleinen, traditionsreichen Badeorte mit ihren grauen Kieselstränden. Der bekannteste und auch schönste von ihnen ist auf jeden Fall **Collioure**.

Drum herum wieder vergessene Dörfer, sommergraue trockene Wäldchen, Karsthügel, Zypressen, Burgruinen und eine beeindruckende Klosteranlage. An der noch gut erhaltenen **Abbaye de Fontfroide** gingen die Religionskriege und die Revolution fast spurlos vorüber. Und dann liegt Spanien schon ganz nah. Perpignan, die südlichste und heißeste Großstadt Frankreichs, lockt mit katalanischem Flair. Neben Barcelona ist dies das wichtigste Zentrum Kataloniens, da sich viele Spanier auf der Flucht vor Bürgerkrieg und Franco-Regime hier niedergelassen haben.

Bilderbuchküste am Pyrenäenfuß

An Sommerabenden wird in Perpignans Altstadt die Sardana getanzt, und die Karfreitagsprozession begeht man mit ziemlich unfranzösischer Inbrunst. Die Berge werden schroffer, und vor einem Bilderbuchhintergrund mit rostroten Felsen und grünen Reben erstreckt sich die Küste, die **Côte Vermeille**, über blauem Wasser und unter strahlendem Himmel. Neben Kaufleuten und Fischern hatten viele Maler sich hier niedergelassen. Auch für Henri Matisse stellte **Collioure** die preisgünstige Alternative zur

Über den Kanal unter Platanen

noblen und teuren Côte d'Azur dar. Céret und Collioure zeigen in ihren Museen die Gemälde der Fauvisten, wie man die Künstler der wilden Pinselstriche nannte. Günstig sind heute weder Bilder noch Unterkünfte.

Dem Land des Wassers und der Steine schließt sich im Süden und zum Mittelmeer hinunter das des Weines an – und das der Kanalfahrten. Nur geht es auf dem **Canal du Midi**, vorbei an Rebhügeln und unter schattigen Platanenalleen hindurch, weit beschaulicher zu als in den nördlich gelegenen Schluchten. Bis nach **Carcassonne** kann man von **Béziers** aus tuckern. Die mittelalterliche Oberstadt von Carcassonne, **la Cité** – abends beleuchtete Kulisse über dem unscheinbaren Ort und sommers Theatersaal für romantisierende **Historienspiele** –, gehört zu den meistbesuchten Touristenzielen Europas. Entsprechend voll ist es dort auch. Ganz in der Nähe, auf dem Weg ins Weinland **Corbières**, liegt einer der schönsten Flecken der Küste, der **Etang de Bages**, sozusagen »ein See am Strand« mit zwei hübschen Dörfern an seinem Ufer.

Languedoc und Roussillon bergen eine Fülle römischer und romanischer Kunstschätze in den Wehrkirchen und Kathedralen von **Béziers** bis **Perpignan** und **Saint-Gilles** im Gard. Allein im Roussillon gibt es 220 romanische Bauwerke, 750 barocke Retabeln und über 100 romanische Madonnen. Kurz, man hat die Möglichkeit zum Kirchen-Marathon. Wer Zeugnisse römischer Baukunst außerhalb Italiens sucht, wird nirgends so viele finden wie hier, darunter einige, die wie der 2000 Jahre alte Pont du Gard unübertroffen sind. Als Teil einer Wasserleitung zwischen Uzès und Nîmes nach akribischer Planung gebaut, erfüllte das antike Meisterwerk über lange Zeit seinen Zweck. Der gesamte Verlauf der Leitung soll nach und nach wieder sichtbar werden, denn

In den Cevennen trifft man häufig auf bezaubernd verschlafene Orte wie Bédouès bei Florac mit seiner Kirche aus dem 14. Jahrhundert.

Fußwege erschließen die Urlandschaft im Cirque de Mourèze (→ MERIAN-Tipp, S. 63).

die Pflege des regionalen Kulturgutes als öffentliche Aufgabe ist in Frankreich unumstritten.

Zu den bizarren Baudenkmälern der Region gehören die Katharerburgen, die zwischen Obst- und Weinfeldern aus den Bergen zu wachsen scheinen – Erinnerungen an eine Religion, die keine Kirchen und nur Geschichten von Kampf und Vertreibung sowie Mythen hinterlassen hat. Im 12. Jahrhundert als Gegner von Papst und König und somit als Ketzer verfolgt, verstanden sich die Katharer – wie schon ihr aus dem Griechischen stammender Name besagt – als die »Reinen«, die ein asketisches Leben führten und das Töten – auch von Tieren – ablehnten. Viele endeten auf dem Scheiterhaufen.

Die ehemals reiche Region, durch die Händler aus allen Teilen des Kontinents zogen, steht heute ohne bedeutende Industrie da. In Landwirtschaft und Weinanbau, deren Zukunft die Bauern und Winzer in den EU-Sternen geschrieben sahen, hat kräftiger Preisverfall – um 30 Prozent erst 2004 und um denselben Prozentsatz noch einmal 2005 – viele Winzer zum Aufgeben gezwungen. 400 000 Hektar Anbauflächen sollen europaweit in den nächsten fünf Jahren stillgelegt werden. Selbst Spitzenweine sind für weniger als zehn Euro zu haben. Die Vernichtung von Weinstöcken wird prämiert. Manche Landschaft, in der sonst nichts wächst, wird verkarsten. Trotz der Lage zwischen dem wirtschaftlich starken Großraum Barcelona im Süden und den Hightech- und Elektro-Metropolen Mailand und München im Nordosten behaupten sich Nîmes, Montpellier und Alès gemeinsam als Hochtechnologie-Route.

Wege für Kulturbeflissene

65 000 Bewohner der Region leben ständig, 32 000 weitere als Saisonkräfte, vom Tourismus. Damit hat dieser Wirtschaftszweig dieselbe Bedeutung wie Bau- und Landwirtschaft. 4 bis 5 Milliarden Euro lassen die Fremden jährlich dort – 1677 Euro etwa pro Jahr und Einwohner, also gerade einen Monatslohn.

Gewusst wo ...

Das Languedoc-Roussillon ist das weltweit größte Weinanbaugebiet, und auf zahlreichen Gütern – wie hier bei Argelès-sur-Mer südöstlich von Perpignan (→ S. 81) – kann man die guten Tropfen auch gleich verkosten.

Schlafen im »Grand Hôtel«, auch wenn es klein ist, Austern zum Wein, der hinterm Haus wächst, Stierkämpfe in Dorf-Arenen – das Languedoc-Roussillon hat zahlreiche Highlights zu bieten.

Übernachten

Luxushotel oder Ferienhaus? Hinterland wie Küste lassen keinen Unterkunftswunsch unerfüllt.

Ein paar Tische unter Bäumen vor einer alten Villa und himmlische Ruhe ... so ähnlich sieht das Traumdomizil vieler Urlauber aus.

Neben den großen, guten und komfortablen **Hotels** mit Preisen, die selten denen zu Hause Konkurrenz machen, gibt es an der Küste und im Landesinneren eine reiche Auswahl anderer Übernachtungsmöglichkeiten. Für die Sommerferien sollte man allerdings seine Unterkunft zur Sicherheit lange genug vorbestellen, am besten im Frühjahr. Da aber auch die Franzosen seit einigen Jahren mit ihren Ferienbudgets knausern, finden Rundreisende, die sich in der Planung nicht zu sehr festlegen mögen, selbst in der Hochsaison und sogar am Meer oftmals spontan ein Hotelzimmer, das allerdings meistens der oberen Preisklasse zuzurechnen ist.

In Frankreich ist es üblich, ein Hotelzimmer zuerst zu besichtigen, bevor man sich dafür entscheidet. Wundern Sie sich also nicht, wenn man Ihnen einen Schlüssel in die Hand drückt und die Richtung weist. Französische Hotels haben eigentlich keine Einzelzimmer. Das Zimmer mit dem »grand lit« – bei dem zwei Schläfer oft in der durchgelegenen Kuhle in der Mitte zusammenrollen – wird als Einzelzimmer nur unwesentlich billiger abgegeben. Ein Frühstück ist im Zimmerpreis meist nicht enthalten. Wo es für 6 bis 16 € angeboten wird, besteht es meist aus nicht viel mehr als einem Kaffee, Croissant oder Zwieback und etwas Marmelade. Da ist es preisgünstiger und außerdem landesüblich, sein Croissant beim Bäcker zu holen und damit zum »café au lait« in die nächste Bar zu gehen.

Hotellisten der gesamten Region erhält man bei den Fremdenverkehrsämtern. Daneben gibt es den alle zwei Jahre aktualisierten Führer **Logis de France**, in dem kleine und mittlere Hotels, Familienbetriebe mit und ohne Restaurant in Ferienregionen außerhalb der Städte vorgestellt werden. Eine Klassifizierungskommission verleiht diesen Betrieben nach den Kriterien Zuvorkommenheit, Komfort und Bedienung ein, zwei oder drei »Kamine«. Das über 4000 Hotels umfassende Verzeichnis gibt es in Hotels, an Tankstellen und in Buchläden.

Die **Ferienhäuser** auf dem Land heißen »gîtes ruraux« und sind für die Unterbringung kleiner Gruppen oder größerer Familien geeignet. Vermietet werden sie nur wochenweise, in den Ferien oft nur pro Monat. Ein Verzeichnis ist bei den regionalen Tourismusverbänden erhältlich.

Ferienwohnungen an der Küste werden von Agenturen vermittelt. Die Mindestmietdauer beträgt meistens eine Woche, häufig sogar nur monatsweise Vermietung. Adressen der Agenturen wie der regionalen Hotels enthält die Broschüre **Hôtels et Résidences**, die beim **Comité Régional du Tourisme** (→ Auskunft, S. 107) erhältlich ist.

Recht häufig werden in Frankreich **Privatzimmer** vermietet. Man findet sie dort, wo es kaum andere Unterkunftsmöglichkeiten gibt. Erkennbar sind die Zimmer an dem Schild »chambres d'hôte«. Wer Französisch spricht, kann auch im nächsten Café nachfragen.

Ganz Mutige verlassen sich auf ihr Glück und folgen, wenn sie nicht länger bleiben wollen und auf einer Rundreise sind, einem Wegweiser, der »table d'hôte« verheißt. Versprochen wird damit ein kleines Restaurant, in dem man mit wenigen anderen Gästen die vorgeschlagene, meist sehr gute Mahlzeit einnimmt und häufig auch ein Zimmer zum Übernachten mieten kann. Natürlich empfiehlt es sich, rechtzeitig danach zu fragen. Man sollte hier zwar weder ein Billigmenü noch ein simples Nachtquartier erwarten, kann aber normalerweise mit einem angemessenen Preis-Leistungs-Verhältnis rechnen.

Empfehlenswerte Hotels und andere Unterkünfte finden Sie bei den einzelnen Orten im Kapitel »Unterwegs im Languedoc-Roussillon«.

Essen und Trinken

Deftige Küche gibt es in den Bergen, im Süden die leichtere mediterrane Kost.

Wohlschmeckende Gerichte aus Fisch, Austern, Muscheln, Schnecken und Seeigeln dominieren die Speisekarten an Frankreichs Mittelmeerküste.

Als Reiseziel für Feinschmecker galt das Languedoc-Roussillon nie. Zu Unrecht, stellte der **Gault Millau** fest, der die bei französischen Köchen so begehrten Kochmützen – rote für die kreative, weiße für die moderne oder traditionelle Küche – verleiht und die Region schon vor Jahren zum Hauptthema seines Magazins machte. Auf wunderschönen Fotos ringeln sich dicke Schiffstaue am Hafen von Sète um Tintenfischtörtchen herum, blitzt das Lorbeerblatt in der Sonne zwischen glänzenden Miesmuscheln, präsentieren sich der Fischer und seine Frau lächelnd und sichtlich dankbar für das neue Renommee vor ihrem hübschen Restaurant. Da gilt erst der zweite Blick den Preisen. Wer ein Menü für etwa 25 € bestellt, darf die Güte einer (weißen) Kochmütze erwarten. Es gibt sie jedoch auch zum doppelten Preis.

Zugegeben, essen ist in Frankreich eben teurer als schlafen, was der, der sich gerne kulinarisch verwöhnen lässt, bereitwillig in Kauf nimmt. Andererseits kann man auch wunderbar für 15 € und mittelmäßig für 25 € essen. Ein bisschen Glück gehört manchmal schon dazu. Die berufsmäßigen Feinschmecker haben ihre Nase schließlich noch nicht in jede Küche gesteckt und so die Preise hoch getrieben.

Zum Essen trinken die Franzosen in erster Linie Wasser, »eau minérale«, mit, »eau gazeuse«, oder ohne Kohlensäure, »eau naturelle«, und oft auch Leitungswasser, »eau plate«. Dazu steht gelegentlich auch eine halbe Flasche Wein auf dem Tisch. Überall werden auch Weine aus den verschiedenen Landesregionen angeboten. Sie sind meist nicht im Menüpreis enthalten.

Wein seit der Antike

Mit dem Wein ist das so eine Sache. Griechen und Römer hatten die Kunst der Rebenverarbeitung eingeführt, und nachdem sich der Anbau entlang der Via Domitia ausgebreitet hatte, machte dieser Wein dem römischen bald so ernsthafte Konkurrenz, dass Kaiser Domitian 92 n. Chr. die Hälfte der Reben in der Provinz Gallia Narbonensis vernichten ließ. Heute ist das Languedoc-Roussillon das weltgrößte Weinanbaugebiet, in allen Départements fährt der Reisende durch Weinfelder und sieht Reben an den Hängen wachsen. Aber berühmt wie vor 2000 Jahren ist der Wein dieser Gegend (noch) nicht wieder. In Monokulturen auf großen Flächen wurde so lange Masse statt Klasse erzeugt, bis der Ruf ruiniert war. Erst vor 20 Jahren begann das Umdenken. Nur etwa zehn Prozent der Produktion gehören bisher zu den Qualitätsweinen, die mit dem Gütesiegel A.O.C. (Appellation d'Origine Contrôlée) auf dem Etikett ausgezeichnet sind. Es gibt allerdings auch gute Tropfen hinter der Benennung Vin de Pays, vom verschnittenen Vin de Table allerdings sollte man die Finger lassen. Mit Rohrzucker verbessert werden dürfen beide Sorten. Zugenommen hat in den vergangenen Jahren die Zahl der Biowinzer, die auf Herbizide und Kunstdünger verzichten und lange belächelt wurden. Sie bieten ihre Weine auch auf Märkten an.

Die bäuerliche Küche in den Bergen ist einfach und kräftig. Schinken und Würste sind fett und kalorienreich. Erst jenseits der Lozère ähnelt die Kochkunst zunehmend der der Provence. In der Garrigue um Nîmes herum muss man sich nur bücken, um Thymian und Rosmarin aus dem wuchernden Unkraut zu pflücken. Daher gehören die als »herbes de Provence« bekannten Gewürze zur hiesigen Küche ebenso dazu wie der Tropfen Olivenöl zum Salat, zu Lamm und Rind.

An der Küste wird mehr Fisch gegessen, obwohl die meisten Arten, die auf den Tisch kommen, längst nicht mehr aus dem Mittelmeer stammen. Die Fischsuppe ist hier, ganz anders als die um Marseille übliche **Bouillabaisse**, eine sämige Suppe, die über geröstetes Weißbrot, bestreut mit geriebenem Käse und Aïoli (einer Knoblauchmayonnaise), gegossen und oft als Vorspeise angeboten wird.

Kochkünste – so verschieden wie die Landschaften

Wer am Meer Ferien macht, kann mit etwas Glück auch einmal zuschauen, wie Muscheln aus einem frischen Fang in einer Art Waschmaschine gereinigt und dann zum Verkauf verpackt werden. Die Austern kommen aus dem Bassin de Thau nahe Sète.

Mit einem nahrhaften Bohneneintopf hat sich ein Städtchen namens **Castelnaudary** hinter Carcassonne einen Namen gemacht. Dieser »cassoulet« trägt mehr zum Ruf des Ortes bei als der Hafen am Canal du Midi. Das Gericht, zu dem Speck, Schweine- und Geflügelfleisch gehören, bieten ganz verwegene Köche auch mal als Linsengericht an. Man isst es normalerweise »au confit«, mit Entenfleisch. Variationen mit Gänsefleisch werden auch gekocht, und jeder Koch in der Region besitzt sein spezielles Rezept und jeder Gourmet seinen speziellen Tipp. Generell gilt: Je öfter der Eintopf aufgewärmt wird, desto besser schmeckt er. Man kann ihn auch als Konserve mit nach Hause nehmen.

In südfranzösischen Restaurants wird in der Regel mittags zwischen 12 und 14/15 Uhr und abends ab 19 oder 19.30 Uhr und bis 21.30 oder 22 Uhr gegessen. Der »patron« (Wirt) oder der Kellner (der »monsieur« gerufen wird, nicht etwa »garçon«!) weist Ihnen den Platz an.

Bitte nennen Sie mich Monsieur!

Mögen Sie einen Apéritif? Franzosen trinken vor dem Essen gerne ein Glas Champagner. Wenn Sie die Speisekarte zuklappen, fragt der Ober nach Ihren Wünschen. Um Dessert oder Käse können Sie sich nach dem Essen kümmern. Man bringt Ihnen die Speisekarte gern noch einmal. Zeigt man Ihnen die Käseplatte, wählen Sie aus zwei oder drei Sorten. Der Kaffee (nicht Espresso) danach wird klein und schwarz und süß getrunken. Wie Sie die Rechnung untereinander aufteilen, die für den ganzen Tisch gebracht wird, müssen Sie nach dem Bezahlen regeln.

Genuss pur! Auf einen Cocktail an den Strand von Collioure (→ S. 87) mit der Kirche Notre-Dame-des-Anges und den nahen Pyrenäen im Blick.

Einfacher wird es, wenn Sie es vielen Franzosen gleichtun und sich mit dem Picknickkorb auf den Weg machen. Wo es schön ist, sind häufig Picknickplätze eingerichtet. Folgen Sie den Schildern, auf denen Tisch, Bänke und eine Kiefer abgebildet sind. An sonnigen Wochenenden halten sich einige Familien dort den ganzen Tag auf. Manchmal gibt es auch einen Kinderspiel- und – für Franzosen ist das fast wichtiger – einen Bouleplatz daneben.

Wo soll man den Picknickkorb füllen, wenn nicht auf einem der zahlreichen Märkte? Wer sich vom verführerischen Brathähnchenduft locken lässt, wird sich vielleicht vom Preis abschrecken lassen, der weit über dem liegt, was man zu Hause für ein halbes Hähnchen bezahlt. Das heißt aber nicht, dass das Geflügel sein Leben vor dem Bratspieß auf grünen Wiesen verbracht hat. Wer einen einheimischen Käse probieren möchte, greife zum Pélardon, ein kleiner Ziegenkäse, rund und flach, der von den Cevennen über die Garrigue bis zur Montagne Noire nach überlieferten Regeln hergestellt wird. Die im Freiland aufgezogenen Ziegen ernähren sich von Gräsern, Eichenlaub, Kastanien und Heidekraut und geben eine besonders würzige Milch. Der junge Pélardon, cremefarben, manchmal mit bläulichen Schimmelpilzen bedeckt, schmeckt nach Haselnuss. Drei Wochen später hat die Rinde sich dunkler gefärbt, und der Geschmack ist kräftiger. Bis zu sechs Monaten ist der Tome, ein Kuhmilchkäse aus den Cevennen, gereift. Oliven muss man mitnehmen, in Gewürze eingelegt, vielleicht in Knoblauch. Und Obst sowieso. In Céret gibt es die ersten Kirschen schon im April und Mai, 4000 Tonnen davon werden jedes Jahr geerntet. Ein Stück Wurst, salamiähnlich, kann in den Picknickkorb, ebenso eine Flasche Wasser aus der Region – das berühmte Perrier wird südlich von Nîmes abgefüllt. An Wein kann man, wenn man vom Jahrgang 2002

Der klassische französische Apéritif: mit Wasser verdünnter Pastis.

absieht, verschiedene gute Tropfen einpacken. Das Brot nicht vergessen: Es muss kein Baguette sein, wer es gern etwas dunkler hat, nimmt ein »pain de campagne«, ein Landbrot, das meist ein Roggenmischbrot ist.

In den Küstenstädten duften die Schnellimbisse für den kleineren Geldbeutel mittags mit Gaststätten um die Wette. Dort kann man fertig zubereitete Gerichte zum Aufwärmen in die Ferienwohnung tragen und panierte Tintenfischringe oder ein Pizzastück aus der Mikrowelle vor Ort verzehren. In kleinen Orten und Dörfern findet man vielleicht eine **Crêperie**, die eine kleine Mahlzeit ermöglicht.

Es ist kein Sakrileg mehr, mittags nur einen Salat zu bestellen. Immer öfter bieten auch Bars einfache und günstige Gerichte an, die »plats du jour«, die auch aus zwei Gängen bestehen können.

Empfehlenswerte Restaurants und andere Lokale finden Sie bei den einzelnen Orten im Kapitel »Unterwegs im Languedoc-Roussillon«.

Einkaufen

Duftende Kräuter, kostbares Olivenöl, Wein direkt vom Erzeuger und bibliophile Raritäten.

Die ganze Würze der Region ist auf den Märkten im Angebot. Säckeweise möchte man sie mit nach Hause nehmen, um den Urlaub noch einmal zu schmecken.

Kräuter muss man im Süden Frankreichs eigentlich nicht kaufen. Wer im Frühling durch die Garrigue, die Heide-, Busch- und Strauchlandschaft wie etwa in der Gegend von Nîmes, wandert, muss sich nur bücken und hineingreifen in Thymian und Rosmarin. Und wer die Sträucher später auf der Ablage im Auto in der Sonne trocknen lässt, wird noch im kommenden Jahr in einem wunderbar nach Süden duftenden Auto zur Arbeit fahren. Käuflich erwerben kann man sie natürlich auch unter dem Namen »herbes de Provence«, je nach Art der Verpackung zu unterschiedlichen Preisen.

Ein wunderbares **Öl** wird aus den länglichen grünen Oliven gepresst, die um Clermont-l'Hérault herum geerntet werden. Den »cassoulet«, einen kräftig-deftigen Bohneneintopf mit – je nach Region – Gänse- oder Entenfleisch, aber immer mit Knoblauch und Speck und unterschiedlich gewürzt, kann man in Dose oder Glas mit nach Hause nehmen.

Dem **Wein** des Languedoc-Roussillon eilt kein besonders guter Ruf voraus. Schilder an Landstraßen und in Dörfern fordern Sie zur **Dégustation**, zur Weinprobe beim Winzer, auf. Das kostet nichts und verspricht einen günstigen Einkauf, da Sie selbst den Transport übernehmen. Wenn Sie sich nicht nur auf Ihren eigenen Geschmack verlassen wollen, helfen die vier französischen Qualitätsstufen weiter: **A.O.C.** (Appellation d'Origine Contrôlée) bezeichnet das kontrollierte Anbaugebiet. Der Zusatz »supérieur« weist auf eine überdurchschnittliche Qualität hin, »cru« oder »grand cru« auf ein Spitzenerzeugnis. Dasselbe gilt für den Zusatz »cuvée« oder »grande cuvée«.

V.D.Q.S. (Vins Délimités de Qualité Supérieure) ist, mit denselben Zusätzen, ähnlich zu interpretieren. **Vins de Pays** sind leichte, gut trinkbare Landweine, während in **Vins de Table** alles und von überall her abgefüllt sein kann. Aus Frankreichs südlichstem Weinanbaugebiet, von Collioure bis Cerbère am Fuß der Pyrenäen, stammt ein berühmter Apéritif- und Dessertwein, dessen edelster der **Banyuls Grand Cru** ist.

Edle Dessertweine

Die zum Großteil arme Region, die von Landwirtschaft, Weinbau und – in unterschiedlicher Intensität – vom Tourismus lebt, ist nicht gerade ein Paradies für Mitbringseljäger auf der Suche nach originellen handwerklichen Produkten. In manchen Orten kann man aber ganz hübsche **Töpferwaren** erstehen. Ein Geheimtipp für die Sammler von antiquarischer Literatur ist der kleine Ort **Montolieu** in der Nähe von Carcassonne.

Die **Öffnungszeiten** der Geschäfte sind im Süden Frankreichs nicht mehr so starr wie vor einigen Jahren, als zwischen 12 bis 15 und im Sommer bis 17 Uhr die Mittagsruhe eingehalten wurde. Die Regelung gilt immer noch für Orte, in denen es eher wenig Tourismus gibt. Wo man jedoch vor allem von den Sommergästen lebt und sonst nicht zu viele Einkünfte zu erwarten hat, versuchen die Händler den Besuchern entgegenzukommen. Manche Bäckereien, Schnellimbisse oder Gaststätten sind auch über Mittag geöffnet.

Samstags sind die Geschäfte wie an anderen Werktagen auch bis 19 Uhr geöffnet, Supermärkte am Stadtrand bis 21 oder 22 Uhr. Sonntagvormittag gibt es Lebensmittel und Brot, und man trifft sich in Markthallen. Montagvormittag haben viele Läden geschlossen, wie auch die meisten Bäcker auf dem Land. Sie wechseln, wie dienstags die Fleischer, ihre Öffnungszeiten mit dem Kollegen aus dem Nachbardorf ab.

Empfehlenswerte Geschäfte und Märkte finden Sie bei den einzelnen Orten im Kapitel »Unterwegs im Languedoc-Roussillon«.

Feste und Events

Religiöser Ernst oder mediterrane Ausgelassenheit – Gäste sind bei allen Festen willkommen.

Die christliche Bußbruderschaft Confrérie de la Sanch verbirgt sich auf der Karfreitagsprozession in Perpignan (→ S. 81) unter bodenlangen Kutten und Kapuzen.

Wer am Donnerstag vor Pfingsten nach Nîmes kommt, dem klingt Musik in den Ohren. Sie dröhnt aus den Lautsprechern in den Bäumen an der Straße und wer weiß woher. In den Cafés an der Arena sitzen die Aficionados in der Hoffnung, den berühmten Torero, den man am Sonntag anfeuern wird, auf dem Balkon seines Hotels zu erblicken: Die **Féria** hat begonnen. In Nîmes wird, seit 1813, die größte Corrida außerhalb Spaniens gefeiert, und nur hier sowie im nahen Arles und in Béziers werden die Stiere beim Kampf getötet. Doch der Stierkampf ist nicht nur (hierzulande allerdings wenig) umstrittenes Spektakel, sondern im Frühjahr, Herbst und Winter auch lohnendes Geschäft.

Bei den Stierspielen, den »courses camarguaises«, die während des Sommers in Beaucaire, Alès, Châteaurenard, Lunel, Saint-Gilles, Vauvert und in Dörfern der Umgebung stattfinden, geht es dagegen unblutig und bedeutend amüsanter zu. Sie sind nicht so teuer, und man bekommt für sie leichter Karten. Traditionell begleitet von der Musik aus »Carmen«, messen Mann und Tier ihre Kräfte hier ohne Blutvergießen.

März/April

Karfreitagsprozession

Mittelalterlich mutet die Prozession der Confrérie de la Sanch in Perpignan an. 600 Männer und Frauen in bodenlangen Kutten und unter Kapuzen mit Sehschlitzen, der Kleidung einer christlichen Bußbruderschaft, ziehen durch die Stadt. Seit 1950 erinnern sie mit diesem Umzug wieder an den katalanischen Prediger Vincent Ferrier, dessen Reden im 15. Jh. die Menschen in Scharen angezogen haben sollen. 1777 wurde die Bruderschaft verboten, und mancher Besucher sieht die Prozession mit gemischten Gefühlen vorüberziehen, galten die Brüder zur Zeit der Inquisition doch auch als Folterknechte.

Mai

Printemps des Comédiens

Zehn Tage lang findet in Montpellier dieses bemerkenswerte Theaterfestival statt.

Ende Mai, Anfang Juni

Juni

Feux de la Saint-Jean

Auf dem Gipfel des 2784 m hohen Canigou (→ S. 118, C 16) lodert das Johannisfeuer.

24. Juni

La Fète de Saint-Pierre

Das Standbild des Petrus, des Schutzheiligen der Fischer, wird jedes Jahr im Sommer in Gruissan feierlich hinter den Fahnen der Fischer her in die Kirche und danach zum Hafen getragen. Tausende von Blumen werden dort ins Wasser geworfen, um das gefährliche Meer zu beruhigen. Danach stechen die Fischerboote in See, um den Segen für Wellen und Netze hinauszutragen.

29. Juni

Féria

Nach dem Münchner Oktoberfest wurde die Pfingst-Féria in Nîmes zum populärsten Fest Europas gekürt. Ihre Eintrittskarten sind daher rar und teuer, die Hotels mehr als überfüllt. Die Féria des Vendanges, zur Weinernte, wird nicht ganz so laut und unmäßig in der dritten Septemberwoche gefeiert. Und weil solch ein Fest sehr einträglich ist, hat sich mittlerweile die Féria d'Hiver im Februar unter geschlossenem Arenendach dazugesellt. Kartenver- und Vorverkauf:

Bureau de Location des Arènes

→ Umschlagkarte hinten, d 4

4, rue de la Violette; Tel. 08 91 70 14 01; www.arenesdenimes.com

Juli/August

Nationalfeiertag

Er wird unterschiedlich begangen, in vielen Orten gibt es Musik und Tanz. Das größte Spektakel zeigt Carcas-

sonne mit einem gewaltigen Feuerwerk über der alten Festung.
14. Juli

Festival de la Sardane
Alle Tänzer, die auf diesem Gebiet Rang und Namen erworben haben, kommen nach Céret zum traditionellen Wettstreit in der Arena.
Ende Juli

Festival Nuits d'Uzès
Im Hof des Bischofspalastes und in der Kathedrale Saint-Théodorit von Uzès werden Konzertreihen veranstaltet. Racine kommentierte den Musikgenuss mit: »Meine Nächte sind schöner als eure Tage …«
Juli

Musik- und Theaterfestivals
Auf den meisten Festivals zwischen Mitte Juli und Mitte August werden klassische und moderne Theateraufführungen geboten, wie beispielsweise in Montpellier oder in Narbonne. Dazu gibt es Tanzveranstaltungen und Ausstellungen. Freunde von Jazz und klassischer Musik treffen sich im Sommer in Béziers und Nîmes. In Carcassonne besteht der Festivalsommer aus historischen Ritterspielen, Musik und Tanz. Hier findet das schönste Spektakel des gesamten Départements statt. Es endet mit einem Feuerwerk, das die alte Festung in alle Farben taucht. Auch im Département Lozère erfreuen Musikveranstaltungen Ohr und Auge, wie in La Canourgue beim Festival des Sources oder dem Festival de la Vallée et des Gorges du Tarn oder bei Musik und Tanz »Sous Rocher à l'Aven Armand«. Dasselbe gilt für den Musiksommer in Collioure, das Festival Pablo Casals in Prades, die Musiksaison in Saint-Guilhem-le-Désert und viele andere. Das aktuelle Programm ist erhältlich bei:

Association Technique des Festivals Languedoc-Roussillon → S. 57, d 1
2, rue Salle l'Evêque,
34000 Montpellier

MERIAN-Tipp

1 Fischerstechen/Joutes
Zwei Boote fahren sich entgegen. Auf einem Holzvorsprung hinten, »tintaine« genannt, stehen die Stecher mit Lanze und Schutzschild und versuchen, mit der Lanze den Schild des Gegners zu treffen und ihn so ins Wasser zu stürzen. Dieser Wettkampf geht auf mittelalterliche Rituale und Wettbewerbe zwischen verheirateten Männern und Junggesellen zurück. Als touristisches Vergnügen findet er von Juni bis Sept. auf Kanälen und Flüssen von Nîmes bis Sète statt.

In Sète: 21.–25. August

Corrida
Auch in Céret finden Corridas statt. Nachdem der Stier getötet ist, wird in den Straßen ausgiebig gegessen, getrunken und gefeiert.

Sardanes
Traditionelle katalanische Tänze und Theater werden donnerstags in Perpignan auf der Place de la Loge (→ S. 83, b 1), dem Mittelpunkt der Altstadt, von 19–23 Uhr aufgeführt.

September

Visa pour l'image
Mit vielen (kostenlosen) Ausstellungen lockt Perpignan in der ersten Septemberhälfte zum internationalen Festival der Fotoreportage.

Oktober

Festival International du Cinéma Méditerranéen
Jedes Jahr treffen sich die Cineasten in Montpellier.

Fête du Vin Nouveau
In Béziers wird jedes Jahr mit viel Folklore der neue Wein gefeiert.

MERIAN Quiz

Ein Anwalt der Farben

In einem Ort unweit der spanischen Grenze gibt es einen »Weg des Wildismus«. Wie bitte? Nun, zugegeben: Das wäre wörtlich übersetzt. Freier formuliert mag er »Weg der Wildnis« heißen, obwohl er nichts mit Natur zu hat. Eher im Gegenteil, es geht um Kultur. Denn hier sind anschauliche Beispiele jenes Stils zu sehen, den der Gesuchte schuf.

Sage keiner, Juristen seien farblos. Zumindest einer war in Sachen Kolorit ein Genie. Derart neu und ungewöhnlich fiel sein buntes Treiben aus, dass es bald Schule machte. Spöttisch gemeint, bekrittelte ein französischer Sachverständiger 1905 das Ergebnis als wild. Aus dem Spott wurde bald ein Stilbegriff.

In besagtem Ort lebte er übrigens von 1905 bis 1917. Hier übte er sein Können aus, andere berühmte Kollegen gesellten sich ihm bei, sie alle bildeten eine Avantgarde. Ihr innovativer Kunstgriff bestand darin, Farbe nicht mehr zur originalgetreuen Wiedergabe des Dargestellten zu verwenden, sondern ihr Freiräume zu schaffen und mit ihr neue Möglichkeiten auszuloten.

Zu Beginn des 20. Jahrhunderts änderte sich die Sicht auf die Dinge. Zunächst durch die Farbspiele der Wilden – bald auch durch jene, die mit den Formen »würfelten«. Der gesuchte Meister verteidigte lieber Farben. »Luxus, Ruhe und Begierde«, »Lebensfreude« und »Harmonie in Rot«, so heiter und genussvoll lauteten die Titel jener Zeit. Eines seiner letzten Werke nannte er hingegen »Schicksal«. Das aber war 1954, in dem Jahr, als er in Nizza starb.

Felix Woerther

Um wen, was oder welchen Ort geht es hier?

Wenn Sie die Lösung wissen, besuchen Sie uns doch im Internet unter **www.merian.de/quiz**. Unter den richtigen Einsendern verlosen wir Monat für Monat attraktive Preise. Viel Glück!

Sport und Freizeit

Wilde Flüsse, steile Felsen, weite Strände – an Terrain für den Aktivurlaub herrscht kein Mangel.

Die Hauptsaison für Kanufahrer beginnt im Mai. Man kann wählen zwischen gemütlichen Ausflugsfahrten und anspruchsvollen Wildwassertouren.

Es gibt wohl kaum eine Sportart, deren Anhänger im Languedoc-Roussillon nicht den idealen Platz fänden. Zwar hat sich herumgesprochen, dass auf der Ardèche gut Kanu fahren ist und die Cevennen ein wunderschönes Wandergebiet sind. Aber nur wenige wissen bisher, dass das »Naturlaub«-Programm der Pyrenäen im Roussillon von Wandern über Reiten, Radwandern, Klettern, Gleitschirm- und Segelfliegen bis hin zu Wildwasserfahren, Segeln, Windsurfen und Tauchen reicht. Botanische Lehrpfade führen durch mediterrane Berg- und Trockenzonen. Geführte Wanderritte von 0 bis 3000 m Höhe sind möglich. Klettergärten findet man von Collioure bis Tautavel, Golfplätze bei den Erholungszentren.

Angeln

Groß ist die Zahl der Angelmöglichkeiten am Meer und an den zahlreichen Flüssen. Während man an der See unproblematisch seinem Hobby nachgehen kann, sollte man sich im Hinterland beim örtlichen Syndicat d'Initiative oder im Rathaus nach den Angelrechten erkundigen.

Gleitschirmfliegen

Lehrgänge im Gleitschirmfliegen gibt es von April bis Oktober.

Ecole de Parapente Volem
Carrer des Closes, 66210 Espousouilles; Fax 04 68 04 47 37

Golf

17 Golfplätze insgesamt sind zwischen Lozère und den Pyrenäen angelegt. Für 210 € hat man mit dem **Golf-Pass** freien Eintritt auf fünf Plätzen seiner Wahl. Zu den schönsten gehören:

Cap d'Agde, 18 Löcher, 6301 m, in schöner Landschaft am Meer mit gut geschützten Greens, Tel. 04 67 26 54 40
Montpellier-Massane, 18 Löcher, 5675 m, wie auf schottischen Plätzen gewellte Fairways zwischen Wasserhindernissen, Tel. 04 67 87 87 87.
www.sunfrance.com/golfs.html

Kanu-/Kajakfahren

Im Mai und Juni ist Hauptsaison für Kanu- und Kajakfahrer auf **Ardèche, Cèze** und **Gardon**. Man kann die Flüsse das ganze Jahr über befahren, wenn der Sommer nicht sehr trocken ist. Die beste Zeit aber ist das späte Frühjahr. An den Flüssen findet man eine große Zahl ausgeschilderter Verleihfirmen. Die Tagesmiete für ein Kajak beträgt um 40 € und für ein Kanu etwa 60 €. Der Rücktransport zum Ausgangsort ist im Preis inbegriffen, Flusskarten ebenso.

Als Gewässer, mit denen es nur Erfahrene aufnehmen sollten, gelten in den Causses **Dourbie, Orb, Trévezel** und **Vis**, in den Pyrenäen die Oberläufe von **Aude** und **Tech**. Hier wird auch das zunehmend populäre Rafting im Wildwasser in Teams und mit erfahrener Begleitung gepflegt.

Klettern

Zuerst war es lediglich ein Teil des Bergsteigens, inzwischen hat es sich zum eigenen Sport entwickelt. Über ein Dutzend Klettergärten gibt es im Languedoc-Roussillon. Der berühmteste ist der bei Vingrau mit 250 Steigen. Hier sind Hochgebirgsführer zu Hause, aber auch Grund- und Aufbaukurse werden angeboten.

Comité Régional Languedoc-Roussillon FFME
Espace République, 20, rue de la République, 34000 Montpellier; Tel./Fax 04 67 22 68 14; ffme.lr@net-up.com

Wer das Klettern weniger ambitioniert betreiben möchte, findet bei Katharerburgen zahlreiche Möglichkeiten.

Pétanque

Spätestens wenn der Tag sich neigt und bevor es Zeit wird zum abendlichen Apéritif, wird im Süden gespielt, was viele für Boule halten. Es ist Pétanque, und das ist nicht ganz dasselbe. Die Spielregeln variieren, für uns geringfügig, für Franzosen enorm. Der Begriff leitet sich vom provenzalischen »ped tanco«, am Boden fixierter Fuß, ab. Die Regeln verlangen nämlich, dass der Spieler im Kreis stehen bleibt und die Füße erst dann abheben darf, wenn die Kugel den Boden berührt hat. (Beim Boule verlässt man den Kreis zur Seite oder nach vorne, je nachdem ob man die Kugeln legt, rollt oder gegnerische wegschießt.) Der sonstige Ablauf wird den meisten bekannt sein: Es geht darum, einer kleinen Holzkugel, dem Schweinchen (»cochonnet«, aber auch »le bouchon«), mit seiner Kugel möglichst nah zu kommen. Oder es so wegzuschießen, dass es den Kugeln der eigenen Mannschaft nahe ist. In regelmäßigen Abständen werden örtliche Turniere veranstaltet, an denen man mit etwas Glück teilnehmen darf. Der Verlierer bezahlt den Apéritif, aber wenn der Gast gewinnt, sollte er das trotzdem auch tun: Es wird nicht bei einem Glas bleiben.

Radfahren

Die Franzosen sind zwar begeisterte Radsportanhänger, in den Städten gibt es jedoch kaum Fahrradwege. In den Bergen sind während der Saison hunderte oder tausende mit dem Mountainbike unterwegs. Wer ein Fahrrad leihen will, sollte die Abkürzung VTT für »vélo tout terrain« (Mountainbike) kennen. Weniger Sportliche radeln am Canal du Midi und an der flachen Küste.

Reiten

Ob Reitunterricht, Ausritte oder Vorbereitungen auf Prüfungen, mit und ohne Unterkunft, mit eigenem Pferd und ohne, für alle Wünsche gibt es eine Vielzahl von Angeboten.

A Cheval en Pyrénées-Roussillon
→ S. 118, C 15
Le Moulin, 66320 Marquixanes;
Tel. 04 68 96 07 64, Fax 04 68 05 28 83

Segelfliegen

Flugplätze in 200 bis 2067 m Höhe gibt es in den Pyrenäen und im Pyrenäenvorland.

Comité Départemental de Vol Libre
Tel. 04 68 04 34 11

Strände

Am **Golfe du Lion** gibt es neben den alten, gewachsenen Badeplätzen eine Vielzahl an Retortenorten, die nach 20 bis 30 Jahren allerdings auch etwas Patina angesetzt haben.

Ein familiärer, hübscher Badeort ist **Le Grau-du-Roi** (→ S. 117, D 11) an der Mündung des Rhônekanals. Die touristengerechte Erweiterung entstand im östlich gelegenen **Port-Camargue** (→ S. 117, D 11).

Größter und extravagantester Ferienort ist **La Grande-Motte** (→ S. 117, D 11).

Die westlichen Nachbarn **Carnon-Plage** (→ S. 116, C 11), Montpelliers ältester Badeplatz, und **Plage Villeneuve-lès-Maguelonne** (→ S. 116, C 11) sind im Sommer Tummelplätze meist junger Leute.

Um **Frontignan-Plage** (→ S. 116, B 11) herum sind die ursprünglichen Fischerorte zu Badeorten mutiert, denen Industrie und Ölraffinerien mittlerweile sehr nahe rücken. Auch am Badestrand von **Sète**, der **Corniche** (→ S. 116, B 12), liegt das Ferienzentrum in Industrienähe.

Kilometerlang und bis zu 100 m breit erstreckt sich an der viel befahrenen N 112 ein Sandstrand bis hin zu den langweiligen Appartementhäusern von **Marseillan** (→ S. 116, A 12).

Deutsche Stimmen hört man oft in der Ferienanlage von **Cap d'Agde** (→ S. 116, A 12), der größten durchorganisierten Retortenstadt mit sieben Stränden, Yachthafen, Nachtclubs, Kinos, Golf- und Tennisplätzen.

Schwieriger erreichbar sind die Küstenansiedlungen bis **Sérignan-Plage** (→ S. 115, F 8) mit viel Platz am Strand. **Valras-Plage** ist der – windige – Hausstrand für Béziers und Umgebung (→ S. 115, F 8).

Narbonne-Plage (→ S. 115, E 8) hat wieder mehr Kapazitäten und Rummel zu bieten.

Hübsch und geschichtsträchtig in den Salzgärten am Fuße der **Montagne de la Clape** liegt **Gruissan** (→ S. 119, F 13). Die ehemalige Hafenzufahrt von Narbonne ist um das Urlaubszentrum **Gruissan-Plage** und den Yachthafen herumgewachsen.

La Franqui-Plage (→ S. 119, F 14), klein und in einem Pinienwald versteckt, ist die Alternative zu den Betonburgen von **Port-Leucate** (→ S. 119, F 14).

Von **Port-Bacarès** bis **Saint-Cyprien** ist die **Côte Sablonneuse** (→ S. 119, F 14/15) breit und schattenlos. Ihre Retortenorte sind immer noch im Wachsen begriffen.

Schmal werden die Strände an den Pyrenäenausläufern. Dafür hat die **Côte Vermeille** (→ S. 119, F 16) einen einmalig schönen Hintergrund anzubieten; grüne Weinberge und rostfarbene Felsen unter klarblauem Himmel. Klein und hübsch ist **Collioure**, bescheidener **Port-Vendres** und schon sehr spanisch geprägt der Weinort **Banyuls-sur-Mer** mit seinem groben Kiesstrand. Der kleine Strand von **Cerbère** lockt höchstens Taucher, und im Grenzort **Portbou** suchen nur Durchreisende Erfrischung im Meer.

Surfen

180 km Küste am **Golfe du Lion** mit ablandigen Winden bieten Surfern hervorragende Möglichkeiten. In jedem Küstenort findet man Surfschulen und Verleihe von Surfbrettern.

Tauchen

Besonders an den Felsenküsten der Côte Vermeille kann man hervorragend tauchen und schnorcheln. Sowohl Tauchschulen als auch Füllstationen für Pressluftflaschen gibt es beispielsweise in Banyuls-sur-Mer, Port-Vendres und Collioure.

Tennis

Tennisplätze gehören mittlerweile zum fast obligatorischen Bestandteil jedes Küstenortes und auch zu Hotels der höheren Preisklassen. Weil ihre Benutzung so beliebt ist, ist rechtzeitiges Reservieren geboten.

Strandleben à la française: An den Sommerwochenenden zieht es zahlreiche Einheimische ans Meer.

Wandern

Mehr als 6300 km ausgeschilderte Wanderwege durchziehen das Languedoc-Roussillon. Die Fernwanderwege, **Sentiers de Grande Randonnée,** sind auf rot-weißen nummerierten Wegweisern mit »GR« ausgezeichnet. Die Etappen, mit gelegentlichen Höhenunterschieden von 100 m, sind gut zu schaffen und führen an verschiedenen Ortschaften mit Unterkunftsmöglichkeiten vorbei. Informationen über Wanderrouten und Unterkünfte findet man unter www. gr-infos. com

Wanderführer mit Karten und Adressen der Wanderhütten gibt es auch beim:

Centre d'Information de la Randonnée Pédestre
14, rue Riquet, 75019 Paris;
Tel. 01 44 89 93 93; www.ffrandonnee.fr

Familientipps – Hits für Kids

Höhlen, Geisterdörfer, alte Burgen, Sand und Meer – bei den Kleinen kommt keine Langeweile auf.

Besuch in einer Zauberwelt: Aven Armand (→ S. 46). In dieser Tropfsteinhöhle mit mehr als 400 Stalagmiten werden zweimal jährlich auch Konzerte veranstaltet.

Auf dem Bildschirm rattert und quiekt es, zucken Blitze und grölen Monster. Kein Küstenbadeort ohne Scharen von Kindern und Jugendlichen, die sich um Spielautomaten drängeln und dafür ihre letzten Euros ausgeben, für die sie sich eigentlich ein Eis holen wollten. Im Salz- und Sandboden an der Küste wächst kein Baum, da ist es im Sommer am besten in den Cafés auszuhalten.

Viel spannender ist es natürlich zu entdecken, was es zu Hause nicht gibt. Zum Erforschen und Verstecken reizt zum Beispiel die Festung in **Carcassonne** mit ihren Mauern, Türmen und Gräben. Auch der alte Dampfzug, der zwischen Anduze und Saint-Jean-du-Gard verkehrt, macht Großen wie Kleinen Spaß (→ S. 43). Der kohlrabenschwarze Heizer mit seinen Rußhänden hat nichts gegen einen Besuch auf seiner Dampflok und zeigt auch gerne, wie das schnaufende Ungetüm funktioniert.

Und was gibt es Schöneres, als im heißen Sommer in einer kühlen Tropfsteinhöhle herumzusteigen oder -zufahren. Im **Aven Armand** (→ S. 46) im **Causse Méjean** herrschen in 75 m Tiefe kühle zehn Grad, weshalb man sich auch etwas Wärmeres zum Anziehen mitnehmen sollte. Mit dem Picknickkorb kann man die **Gorges du Tarn** hinunterklettern, ein Plätzchen suchen und die Füße im Wasser baumeln lassen (→ S. 46).

Von Dinosauriern und anderen wilden Tieren

Im **Dinosaurier-Museum** in **Espéraza** (→ S. 73) kann man der Fantasie freien Lauf lassen und versuchen, sich vorzustellen, wie vor unendlich vielen Jahren diese riesigen Urtiere die südfranzösischen Täler bevölkerten. Wer gemeinsam mit den Eltern eine der alten **Katharerburgen** zwischen den Weinfeldern im **Minervois** bezwungen hat, findet das **Musée Hurepel** in **Minerve** (→ MERIAN-Tipp, S. 78) bestimmt spannend. In nachgebauten Miniaturlandschaften mit Felsen und Bäumen klettern, arbeiten und kämpfen kleine getöpferte Katharerfiguren. Ein hübscher Text (auch auf Deutsch) hilft dabei, die Szenen besser zu verstehen.

Im **Cirque de Mourèze** (→ MERIAN-Tipp, S. 63) kann man auch sehen, wie die Bewohner der merkwürdigen Felsen früher gelebt haben, und ihre nachgebauten Behausungen besuchen.

Fast wie im nahen Afrika geht es in der **Réserve Africaine** in **Sigean** (→ S. 78) zu.

Falken aus nächster Nähe erleben kann man im **Schloss von Beaucaire** (→ S. 44). Und wer aufmerksam durch die Gegend fährt oder ein Stück wandert, sieht vielleicht auch mal einen Adler, der sich gerade eine Schlange oder ein anderes Tier geschnappt hat.

Fische aus aller Welt zeigt das Seaquarium in Port-Camargue (→ S. 47).

MERIAN-Tipp

2 In Le Grau-du-Roi aufs Fischerboot

Wer schon immer davon geträumt hat, Fischer zu sein, der sollte sich am Ende der Promenade in Le Grau-du-Roi, wo nachmittags die Schiffe ankommen, erkundigen, ob ihn morgens um 6 Uhr einmal ein Fischerboot mitnimmt. Dazu braucht man unbedingt einen warmen Pullover, weil es auch im Sommer morgens auf dem Wasser empfindlich kalt sein kann, und Sonnencreme, weil trotz Wind die Sonne kräftiger brennt, als man zunächst merkt. So ein Trip macht auch Kids meist großen Spaß – vor glitschigen Fischen ekeln dürfen sie sich allerdings nicht und auch keine Angst vor Fischern haben, die kein Wort Deutsch sprechen.

→ S. 117, D 11

Unterwegs im Languedoc-Roussillon

Der romanische Figurenschmuck der Abteikirche von Saint-Gilles (→ S. 50) zählt zu den bedeutendsten Zeugnissen mittelalterlicher Bildhauerkunst in Frankreich.

Wie eine Zeitreise erlebt man jede Tour durch die Region zwischen Cevennen und Mittelmeer und findet neben der Moderne immer wieder Römer- wie Katharerspuren.

Nîmes, Cevennen und Meer

Ob Weltkulturerbe oder Wanderparadies – Nîmes und seine Umgebung verheißen Reise-Höhepunkte.

Zeugnis der Verbindung zwischen Nîmes und Afrika während der Römerzeit ist der Brunnen mit einem Krokodil mit Halsband neben der Säule.

Das Département Gard erfüllt fast alle Urlauberwünsche: Im Süden liegt das Meer mit Frankreichs ältester Feriensiedlung Le Grau-du-Roi. Im Norden reichen die einsamen Wandergebiete der Lozère und die schnellen Flüsse der Ardèche fast bis zu den Zeugnissen der Römerzeit in Nîmes und am Pont du Gard. Und in Remoulins kann man früh die ersten Kirschen pflücken und bei Anduze in Europas einzigem Bambuswald spazieren.

Nîmes

→ S. 117, E 9

137 000 Einwohner

Stadtplan → Umschlagkarte hinten

Meer und Berge sind von Nîmes nicht weit. Davor erstreckt sich die thymianduftende Garrigue. Natürlich gedeihen auch Obst, Gemüse und Wein auf dem ansonsten trockenen Land, weil schon die Römer ihre Metropole **Nemausus** mit Wasser aus den Bergen zu versorgen wussten.

Um die Sommerhitze in der Stadt besser zu ertragen, bietet sich eines der vielen Cafés als Rastplatz an. Kupferne Medaillons sind in das Straßenpflaster eingelassen, die ein Krokodil, an eine Palme geleint, zeigen. Eine Erinnerung an frühe Afrikakontakte. Nach Nemausus nämlich wurden die ägyptischen Gefangenen deportiert. Später ließen sich hier die Legionäre des Afrikafeldzuges nieder.

Das »Rom Frankreichs« lebt zu einem Teil von der Antike, mit vielen gut erhaltenen Zeugen einer zumindest architektonisch glanzvollen Vergangenheit. Einen Riesenschritt in die Zukunft dagegen wagte Bürgermeister Jean Bousquet, indem er Stararchitekten und -designer für die Weitergestaltung der Stadt engagierte. So entstand gegenüber der **Maison Carrée**, einem Kleinod römischer Baukunst, die **Carrée d'Art** des Engländers Sir Norman Foster als zwar groß angelegte, aber kleinmütige Antwort auf das Pariser Centre Pompidou. Das Schönste an dem neuen Kunsthaus ist die Café-Terrasse mit Blick über die Dächer der Stadt. Im Süden baute der Mailänder Vittorio Gregotti ein neues Stadion. Ein Sozialwohnungskomplex in Form eines gläsernen Schiffes mit dem Namen »Nemausus« wurde errichtet. Und durch ein antiker Bauweise nachempfundenes Tor lässt der japanische Architekt Kisho Kurokawa Autos in eine Büro- und Wohnarena fahren. Baustellen sollen ein 10-Jahres-Urbanisierungs-Programm verwirklichen.

Hotels/andere Unterkünfte

Imperator Concorde

→ Umschlagkarte hinten, b 1

Schön, elegant und ruhig außerhalb der Féria. Toller Garten. Die berühmtesten Matadore steigen hier ab.

Quai de la Fontaine;
Tel. 04 66 21 90 30, Fax 04 66 67 70 25;
www.hotel-imperator.com; 60 Zimmer
●●●● AmEx DINERS MASTER

Novotel Atria Nîmes Centre

→ Umschlagkarte hinten, e 4

Sehr groß, sehr kühl, sehr modern, wie man es am Rande der Altstadt nicht gerade erwartet; eigentlich eine praktische und elegante Unterkunft für Geschäftsleute, mit allem, was diese an Hightech erwarten können. Wenn es aber heiß ist und man eine Adresse in der Stadtmitte sucht, weil man zum Beispiel keine weiten Wege zu einer Abendveranstaltung gehen mag, ist es sehr angenehm. Vielleicht bekommt man ein Zimmer auf der obersten Etage, von dort aus hat man nämlich einen schönen Blick auf die Dächer von Nîmes. Und eine Garage gibt es auch.

5, bd. de Prague; Tel. 04 66 76 56 56, Fax 04 66 76 56 59; www.accorhotels.com; 119 Zimmer ●●● CREDIT

Royal → Umschlagkarte hinten, c 1

Am Rand der Fußgängerzone Place d'Assas gelegen. Im Inneren dekorativ gestaltet. Das Hotel ist bei Künst-

Die Maison Carrée in Nîmes mit ihren hohen korinthischen Säulen ist ein Juwel antiker Architektur.

lern und Stierkämpfern ebenso beliebt wie bei Pariser Gästen.

3, bd. Alphonse Daudet;
Tel. 04 66 58 28 27, Fax 04 66 58 28 28;
23 Zimmer ●● bis ●●● CREDIT

Amphithéâtre

⋯› Umschlagkarte hinten, d 3

Mitten in der Altstadt, fast neben der Arena, liegt das Haus, das mit seiner drei Jahrhunderte alten Fassade etwas düster wirkt. Vielleicht bekommen Sie eins der hübschen Zimmer mit Blick auf die prächtige Palme an der Place du Marché.

4, rue Arènes; Tel. 04 66 67 28 51,
Fax 04 66 67 07 79; 16 Zimmer
● bis ●● CREDIT

Central Hôtel

⋯› Umschlagkarte hinten, f 2

Hübsches, kleines Hotel am Rande der Altstadt. Die Zimmer sind – was hier im Sommer besonders wichtig ist – mit Ventilator ausgestattet.

2, place du Château; Tel. 04 66 67 27 75,
Fax 04 66 21 77 79; www.hotel-central.org;
15 Zimmer ● bis ●● AmEx DINERS MASTER

Spaziergang

Einen Bummel durch den seit 1985 denkmalgeschützten Teil der Altstadt kann man bei der berühmten römischen **Maison Carrée** beginnen. Aber schon wenig später werden die besten Tipps nichts nützen, weil Sie sich verführen lassen werden, irgendwo abzubiegen oder eine andere Gasse entlangzuschlendern. Hier steht vielleicht ein besonders schönes Haus, und dort lockt ein originell dekoriertes Schaufenster. Und schon haben Sie sich verlaufen. Macht nichts, wenn Sie einfach nur geradeaus gehen, erreichen Sie früher oder später wieder einen der vier Boulevards, die um die Altstadt herumführen.

Durch die Rue de l'Horloge und dann Petits Souliers kommen Sie zur **Place aux Herbes**, einem beschaulichen Platz vor der Kathedrale **Notre-Dame-et-Saint-Castor**. Die Rue de l'Aspic ist nicht nur eine elegante Einkaufsstraße. Es gibt auch einiges zu besichtigen. Das Haus Nr. 14 beispielsweise stammt aus dem Jahr 1699 und hat eine sehenswerte Treppe. In der Rue du Chapitre bewundert man die Fassade des Hauses Nr. 14, des **Hôtel de Régis** aus dem 16. Jh., und öffnet anschließend die Tür zum bemerkenswerten Hof.

Prächtige Bauten sind auch in der Rue Dorée zwischen Place de l'Aspic und Jesuitenkapelle zu sehen. Im Rathaus, dem **Hôtel de Ville**, sollten Sie versuchen, einen Blick in das von Jean-Michel Wilmotte neu gestaltete Innere zu tun, einer Melange aus Vergangenheit und Hightech. Die Jesuitenkapelle, fünf Minuten vom Rathaus entfernt in der Grand' Rue, entstand zwischen 1673 und 1678 nach dem Vorbild der Kirche Il Gesù in Rom. Die **Ecole des Beaux-Arts** wurde in der Grand' Rue von Ariel Balmassière im alten **Hôtel Rivet** eingerichtet.

Sehenswertes

Einige römische Kulturdenkmäler werden von Culturespaces verwaltet (Tel. 04 66 21 82 56; www.culturespaces.com) und sind mit Audioguides und Multimediashows ausgestattet. Ein Sammelticket für Arena, Tour Magne im Jardin de la Fontaine und Maison Carrée kostet 9,50 €, erm. 7 €. Öffnungszeiten für alle drei Objekte: Jan., Feb., Nov., Dez. 9.30–16.30, März, Okt. 9–17.30, April, Mai, Sept. 9–18, Juni–Aug. 9–19 Uhr.

Les Arènes

⟶ Umschlagkarte hinten, d 4

2 2000 Jahre nach ihrer Entstehung sind Les Arènes, wie die Bewohner von Nîmes ihr unvergleichliches Amphitheater nennen, das besterhaltene Bauwerk der Stadt aus römischer Zeit. Es gleicht dem Kolosseum in Rom. Im Inneren der 133 x 101 m großen Ellipse finden etwa 24 000 Besucher Platz. Das Freilufttheater, in dem früher Gladiatorenkämpfe stattfanden, war im Mittelalter bewohnt. 1863 gab es einen Skandal, als hier die erste Corrida veranstaltet wurde. Außer Stierkämpfen dienen Les Arènes längst als begehrtes Podium für Jazz- und Rockkonzerte, und auch Opern werden hier aufgeführt.

Eintritt 7,70 €, erm. 5,60 €

Carrée d'Art

⟶ Umschlagkarte hinten, c 2

Fünf weiße Säulen vor dem Glas- und Betonpalast korrespondieren mit der gegenüberstehenden Maison Carrée aus Augusteischer Zeit. Das neue Zentrum für zeitgenössische Kunst, vom weltberühmten britischen Architekten Sir Norman Foster entworfen, beherbergt Frankreichs modernste Bibliothek und zugleich Mediathek. Im Museum der modernen Kunst im ersten Stock werden die Großen dieser Zeit gezeigt.

Tgl. 10–18 Uhr; Eintritt 4,90 €, erm. 3,60 €, 1. So im Monat frei (nur mit Führung: 15, 15.30, 16, 16.30 Uhr)

Jardin de la Fontaine

⟶ Umschlagkarte hinten, a/b 1

Am Fuß des Mont Cavalier entstand 1750 der erste öffentliche Garten Frankreichs. Bis zu dieser Zeit dienten Gärten nur als Schmuck von Schlössern. Faune und Nymphen zieren Wasserbassins. Auf dem Gipfel eines Hügels steht die **Tour Magne**, von deren Schönheit schon Guillaume Apollinaire schwärmte, und hütet ihr Geheimnis. War der achteckige, 32,7 m hohe Turm ehemals ein Mausoleum, oder wurde er als Kopie des berühmten Leuchtturms von Alexandria errichtet? An der **Nemausus-Quelle** neben dem Diana-Tempel aus dem 1. Jh. soll Nemausus, ein Sohn des Herakles, die Stadt gegründet haben.

Eintritt Tour Magne 2,70 €, erm. 2,30 €

Maison Carrée

⟶ Umschlagkarte hinten, c 2

Nichts mehr ist von dem ursprünglichen Forum zu sehen, zu dem der vollständig erhaltene, elegante Podiumstempel gehörte. Er ist nur 25 x 12 m groß und wurde im 1. Jh. zur Zeit des Augustus erbaut. Im Laufe der Jahrhunderte diente er mal als Versammlungsort der Richter und später der Konsuln, wurde als Wohnhaus und dann als Kirche der Augustiner genutzt.

Eintritt 4,50 €, erm. 3,60 €

Porte d'Auguste

⟶ Umschlagkarte hinten, f 2

Porte d'Arles heißt das Tor eigentlich, einer der letzten Reste der römischen Stadtmauer, die unter Augustus – bei der Statue des Kaisers handelt es sich um eine Bronzekopie – errichtet wurde. Die Straße, die an diesem Tor aus dem Jahr 15 v. Chr. begann, führte über Arles nach Rom.

Museen

Musée Archéologique

⟶ Umschlagkarte hinten, e/f 3

Das meistbesuchte Museum der Stadt mit seiner großen Antikensammlung

und Skulpturen zeigt auch Funde aus keltischer, griechischer und mittelalterlicher Zeit.
13, bd. Amiral Courbet, im alten Jesuitenkonvent; Di–So 11–18 Uhr; Eintritt frei

Musée des Beaux-Arts
→ Umschlagkarte hinten, d 6

Das berühmte Bodenmosaik »Die Hochzeit des Admetes« ist hier zu sehen, außerdem italienische und französische Malerei, vornehmlich aus dem Barock und der Renaissance.
Rue de la Cité Foulc; April–Sept. Di–So 10–18, Okt.–März 11–18 Uhr; Eintritt 4,90 €, erm. 3,60 €, 1. So im Monat frei

Musée des Cultures Taurines
→ Umschlagkarte hinten, d 4

Wenige Schritte von der Arena entfernt widmet sich ein in Frankreich einzigartiges Museum den Traditionen des regionalen und internationalen Stierkampfes. Er wird aus kultureller, historischer und künstlerischer Sicht dokumentiert.
6, rue Alexandre Ducros; Tel. 04 66 76 73 70; Di–So 10–18 Uhr; Juli/Aug. Do bis 22 Uhr; Eintritt 4,65 €, erm. 3,40 €, 1. So. im Monat frei

Musée d'Histoire Naturelle
→ Umschlagkarte hinten, e/f 3

Prähistorische, naturkundliche und zoologische Sammlung im selben Haus wie das Archäologiemuseum und mit denselben Öffnungszeiten. Im 1. Stock befindet sich eine Kollektion mit Kunstgegenständen aus Afrika, Asien und Ozeanien.
13, bd. Admiral Courbet; April–Sept. Di–So 10–18, Okt.–März 11–18 Uhr; Eintritt 4,45 €, erm. 3,20 €, 1. So im Monat frei

Essen und Trinken

Alexandre
→ Umschlagkarte hinten, südöstl. c 6

Sehr schön, sehr elegant, sehr raffiniert und sehr teuer. Etwas außerhalb der Stadt gelegen.
4, route de l'Aéroport, Garons; Tel. 04 66 70 08 99; ab 19.30 Uhr, Juli/Aug. So/Mo geschl., Sept.–Juni So abends, Mo, Di geschl. ●●●● CREDIT

Le Jardin d'Hadrien
→ Umschlagkarte hinten, f 1

Marktfrisch ist alles zubereitet, das Angebot saisonabhängig. Man sitzt sehr schön im schattigen Patio.
11, rue Enclos Rey; Tel. 04 66 21 86 65; Juli/Aug. So, Mo und Mi mittags, Sept.–Juni Di, Mi und So abends geschl. ●●●

Au Plaisirs des Halles
→ Umschlagkarte hinten, d 2

Im Patio plätschert ein Brunnen, die Küche, auch bei Nimoisen sehr beliebt, ist ebenso traditionell wie gut, und die regionale Weinkarte lässt keine Wünsche offen.

Zur Pfingst-Féria ist die Arena (→ S. 37) in Nîmes bis auf den letzten Platz besetzt.

4, rue Littré; Tel. 04 66 36 01 02;
So und Mo geschl. ●● bis ●●● CREDIT

Le Bouchon et L'Assiette

⇢ Umschlagkarte hinten, a 1

Man sitzt hier sehr angenehm nahe dem Jardin de la Fontaine und ist von Antiquitäten umgeben. Was serviert wird, ist von den Angeboten der jeweiligen Saison abhängig.

5 bis, rue de Sauve; Tel. 04 66 62 02 93;
Di und Mi geschl. ●● bis ●●●
DINERS MASTER VISA

Chez Jacotte

⇢ Umschlagkarte hinten, d 3

Das überaus reichhaltige Marktangebot inspiriert den Koch täglich neu. Dieses Restaurant wird auch von den Einheimischen immer gern besucht.

15, rue Fresque; Tel. 04 66 21 64 59;
im Sommer mittags und abends, außer So und Mo, im Winter mittags Mo–Fr, abends nur Do–Sa ●●

Le Wine Bar chez Michel

⇢ Umschlagkarte hinten, e 4

Man kann hier frische Brasserieküche, erstklassige Fische und Meeresfrüchte genießen, dazu gibt es eine exzellente Weinauswahl.

11, square de la Couronne;
Tel. 04 66 76 19 59; Sa mittags, So/Mo mittags und Sa mittags geschl. ●●

Le Cinq Antoine

⇢ Umschlagkarte hinten, d 3

Salatfreunde werden sich hier wie zu Hause fühlen. Allerdings nur während der Saison, denn wenn die Touristen die Stadt verlassen haben, gibt es auch hier nur Menüs.

5, rue Saint-Antoine; Tel. 04 66 21 86 01;
So und Di abends geschl. ●

Café des Beaux-Arts

⇢ Umschlagkarte hinten, d 4

An der schönen Place aux Herbes mit der Kathedrale. Wer sich in der Gesellschaft von (angehenden) Künstlern wohl fühlt, ist hier am richtigen Ort.

Place aux Herbes

Café de Petite Bourse

⇢ Umschlagkarte hinten, d 4

Hier treffen sich die Intellektuellen.

Bd. Victor Hugo/Bd. des Arènes

Napoléon

⇢ Umschlagkarte hinten, d 3

Sehr beliebte Café-Adresse bei den Stierkampffans.

Bd. Victor Hugo

Einkaufen

In der Altstadt, um die **Rue de l'Aspic** herum, reihen sich winzige, kleine und mittlere Einzelhandelsgeschäfte aneinander. Hier kann man von Souvenirs und Geschenken über Spiel- und Schreibzeug, Bücher und Bilder, Unterwäsche, Schuhe oder Blumen eigentlich alles erstehen.

Blumen- und Antiquitätenmarkt

⇢ Umschlagkarte hinten, a 1–5

Jeden Freitag schlägt das Herz von Liebhabern alter Möbel, Bilder oder Lampen höher. Farbtupfer verleihen der Marktszene die vielen Stände mit Blumen und Pflanzen.

Av. Jean Jaurès

Marché

⇢ Umschlagkarte hinten, d 1/2

In den Markthallen gibt es jeden Vormittag von 6.30 bis 13 Uhr frisches Obst und Gemüse, Fisch und Brot, Kuchen und vieles mehr. Wer Gewürze nicht nur im Stoffbeutelchen als Geschenk verpackt, sondern in größeren Mengen für die Küche nach Hause mitnehmen möchte, findet sie täglich an den Ständen vor der Markthalle in überwältigender Vielfalt.

Rue des Halles

Am Abend

Calle Ocho

⇢ Umschlagkarte hinten, f 2

Wer es gern spanisch mag, wird die Abende und Nächte in dieser Bar mit Sicherheit genießen.

24, bd. Amiral Courbet;
Tel. 04 66 67 34 59; Do–Sa 17–4 Uhr

La Casa Don Miguel

→ Umschlagkarte hinten, d 2

Unter alten Gewölben hört man Weltmusik, Salsa, Flamenco und Jazz.

16, rue de l'Horloge; Tel. 04 66 76 07 09; Mai–Sept. tgl. 11–3 Uhr, Okt.–April ab 18 Uhr

O'Flaherty's

→ Umschlagkarte hinten, f 3

Hier hört man irische Musik, Country, Pop und Rock.

21, bd. Amiral Courbet; Tel. 04 66 67 22 63; Mo–Fr 11–2, Sa/So 17–2 Uhr

Service

Auskunft

Office du Tourisme

→ Umschlagkarte hinten, c 1/2

Hier gibt es Stadtpläne, außerdem kann man Hotels in Nîmes und im Gard reservieren lassen. Auch Stadtführungen durch das alte Nîmes werden angeboten. Man kann sich hier auch zu Führungen bei den Perrier-Quellen in Vergèze, 20 km südwestlich von Nîmes, anmelden.

6, rue Auguste, 30020 Nîmes; Tel. 04 66 58 38 00; www.ot-nimes.fr

MERIAN-Tipp

3 Altstadtbummel in Nîmes

Gleich hinter Maison Carrée und Arena beginnt das Gewirr der meist autofreien Altstadtgassen mit zahllosen Geschäften, die Mode, Haushaltswaren, Leckereien, Wäsche, Blumen, Bilder und Möbel verkaufen. Dazwischen immer wieder Cafés, Bars, sogar Teestuben, manchmal unter Palmen und Platanen. Wo keine Hauswand Schatten spendet, sind bunte Schirme aufgespannt, Kinder plantschen in Brunnen, irgendwo spielt ein Straßenmusikant. Sich ohne Blick auf den Stadtplan treiben lassen ist ein Vergnügen. → Umschlagkarte hinten

Ziele in der Umgebung

Aigues-Mortes → S. 117, D 11

5000 Einwohner

Militärisch gesehen bedeuteten die dicken Mauern, die das Städtchen von Sümpfen und Salinen trennen und vor dem kalten Mistral schützen, eine Fehlplanung. Ludwig IX., der Heilige, wollte einen Hafen am Mittelmeer und ließ 1240 auf einer Halbinsel einen Ort und eine Fahrrinne anlegen. Philipp der Kühne begann und Philipp der Schöne vollendete dann eine 11 m hohe Mauer mit Türmen und Toren. Die Fahrrinnen versandeten jedoch, und die Anlage verlor ihre Bedeutung. Die **Tour de Constance** (Konstanzenturm) wurde Staatsgefängnis zuerst für Templer und später für die Hugenotten. So präsentiert sich heute eine intakte mittelalterliche Stadt, auf deren Mauern man 1634 m gehen und natürlich eine wunderschöne Aussicht auf Salinen und Mittelmeer genießen kann. Vom Frühling bis zum Herbst ziehen Urlauberscharen durch die Gassen. An Sommerabenden treten auf dem Platz unter dem Denkmal des Stadtgründers Musikanten auf.

42 km südl. von Nîmes

Hotels/Essen und Trinken

Les Arcades

Es passt so gut zum Ort, das alte Haus aus dem 16. Jh. mit seinen Stilmöbeln in klimatisierten Zimmern und Swimmingpool. Und es gibt ein Restaurant; man kann auch draußen unter den Arkaden ausgezeichnet speisen.

23 Boulevard Gambetta; Tel. 04 66 53 81 13, Fax 04 66 53 75 46; www.les-arcades.fr; 9 Zimmer ●●●

CREDIT

Templiers

Sehr schöne und charmante Unterkunft in einem Gebäude aus dem 17. Jh., mit provenzalischen Stoffen, modernen und alten Bildern und einer Scheune, in der ein entzückendes

Boulespieler vor den mittelalterlichen Stadtmauern von Aigues-Mortes.

Bistro untergebracht ist (es wird nur Abendessen serviert).
23, rue République;
Tel. 04 66 53 66 56, Fax 04 66 53 69 61;
E-Mail: hotellestempliers@tiscali.fr;
13 Zimmer ●●● AmEx MASTER VISA

SEHENSWERTES

Listel

Eine ganz besondere Traube wächst hier im Sand. Man kann das Weingut besuchen und seine Erzeugnisse kosten. Fragen Sie, ob Sie das Gut zu Fuß erkunden dürfen. Sie werden Reiher, Pferde und Frösche treffen.
Domaine de Jarras, in Richtung Le Grau-du-Roi; Tel. 04 66 53 63 65

Tour de Constance

190 Stufen führen hinauf in den Wehr- und Wohnbau Ludwigs des Heiligen, Leuchtturm zur See- und Wachturm zur Landseite. Von der Aussichtsplattform und den Wehrmauern, die man entlanggehen kann, hat man einen wunderschönen Blick.
Mai–Aug. tgl. 10–19, Sept.–April 10–17.30 Uhr; Eintritt bis 1 Stunde vor Schluss 6,50 €, Kinder 4,50 €

MERIAN-Tipp

4 Salins du Midi

Mit einem kleinen Zug oder einem offenen Rundsichtbus kann man über Felder und Anlagen der ältesten und größten mediterranen Saline fahren – in der bereits seit den Zeiten der Antike Salz gewonnen wird – und dabei in gut zwei Stunden und bei einem Besuch des Salzmuseums alles Wissenswerte über die Produktion verschiedener Salze erfahren. Film- und Fotofreunde werden sich besonders über die unterschiedlichen, bis rosa leuchtenden Farben des Salzes freuen. Während der Erntezeit, August bis Oktober, türmen sich die Berge zur beeindruckenden Winterlandschaft.

An der D 979 Richtung Le Grau-du-Roi, Einfahrt hinter der Brücke links über das Listel-Gelände (Weingut);
Tel. 04 66 73 40 24; www.salins.com;
April–Sept. kleine Rundfahrt 10–18.15, Juli/Aug. große Rundfahrt 10.30–16 Uhr; große Rundfahrt Erwachsene 10,30 €, Kinder 7,10 € S. 117, E 11

Schafherden sieht man auf den kargen Höhen der Cevennen immer seltener.

SERVICE

Auskunft

Office de Tourisme

Informationen u. a. zu Bootsfahrten durch die Camargue.

Porte de la Gardette, 30220 Aigues-Mortes; Tel. 04 66 53 73 00, Fax 04 66 53 65 94; www.ot-aiguesmortes.fr

Anduze

⇢ S. 113, E 3

3000 Einwohner

»Pforte der Cevennen« nennt man das geschäftige Städtchen. Es liegt 13 km von Alès entfernt, der wenig attraktiven Hauptstadt der Cevennen, und zwischen Fluss und Bergen eingeklemmt. Ungewöhnlich viele Geschäfte reihen sich in dem kleinen Ort auf dem Weg zum Marktplatz aneinander. Neben dem überdachten Marktplatz und seinen Cafétischen überrascht den Besucher ein mit bunten lasierten Ziegeln überdeckter Ziehbrunnen aus dem Jahr 1649. Die Legende erzählt, ein Seidenraupenzüchter aus Anduze habe die Idee dazu von einer Reise in den Orient mitgebracht. Boisset hieß der berühmte Töpfer, bei dem der Hof in Versailles die großen Blumentöpfe, »vases d'Anduze«, bestellte.

46 km nordwestl. von Nîmes

HOTELS/ANDERE UNTERKÜNFTE

Chez M. et Mme Tirfort

Von Obstbäumen und Kiefern umgeben, liegt das kleine Haus mit geschmackvollen Gästezimmern.

Ferme des Tirforts, 125, chemin de Veyrac; Tel. 04 66 60 53 29; 6 Zimmer

●● ▭

Gîte Rural du Moulin

Neben dem Häuschen der Tirforts steht diese »gîte«. Hier kann man Obst und Gemüse kaufen und an einem alten Mühlstein – mit Blick auf Akazien, Aprikosen- und Pflaumenbäume – seinen Apéritif nehmen. Campingfreunde finden 25 Plätze mit Duschen, warmem Wasser und elektrischen Anschlüssen. Rechtzeitige Anmeldung ist unbedingt empfehlenswert. Zu erreichen in Richtung Nîmes. Nach 2 km führt rechts eine kleine Straße Richtung Veyrac zur Ferme des Tirforts.

Quartier de Veyrac; Tel. 04 66 60 53 29

●● ▭

Porte des Cevennes
Freundliches Haus der Logis-de-France-Kette in der Nähe des Bambuswaldes mit Schwimmbad und Restaurant, von dessen Terrasse man über das Gardon-Tal blickt.
Route de Saint-Jean-du-Gard, knapp 3 km in Richtung Saint-Jean; Tel. 04 66 61 99 44, Fax 04 66 61 73 65; www.porte.cevennes.free.fr; 38 Zimmer ●● CREDIT

SEHENSWERTES

Bambouseraie de Prafrance
Europas einziger Bambuswald liefert auch die Nahrung für die Pandabären im Berliner Zoo. Auf 12 ha sprießen in einem Mikroklima unter südlicher Sonne etwa 150 Bambusarten. Die größten davon werden bis zu 25 m hoch und erreichen einen stattlichen Durchmesser von 20 cm. Die stabile und vielseitige Wunderpflanze brachte im vorigen Jahrhundert Eugène Mazel, ein Samenhändler aus dem Gard, ebenso wie andere exotische Gewächse von seinen Reisen in den Fernen Osten mit. So kann man beim Spaziergang durch den Park Gingkobäume, Palmen und Magnolien bestaunen. Im japanischen Wassergarten schwimmen zwischen Lotusblüten und ägyptischem Papyrus Koi-Karpfen in allen nur denkbaren goldroten Schattierungen herum. Bekannte Filmklassiker wie »Lohn der Angst« oder »Paul und Virginie« wurden hier gedreht. Der Wald liegt 2 km nördlich von Anduze.
Tel. 04 66 61 70 47; www.bambouseraie.com; März–15. Nov. tgl. 9.30–19 Uhr; Eintritt 7,50 €, Kinder 4,50 €

Grotte de Trabuc
»Grotte der 100 000 Soldaten« nennt sich die Höhle auch nach einer Fülle nur zentimeterkleiner Stalagmiten. Sie gehört zu den großen Tropfsteinhöhlen, wie sie in und um die Cevennen vielerorts zu finden sind. 12 km der anscheinend unendlichen Galerien sind bis heute erforscht. In einem geheimnisvollen unterirdischen Saal, den Wissenschaftler bisher noch nicht enträtselt haben, wartet ein ganzer Wald von Kleinstalagmiten, daneben der »Saal des Mitternachtssees«, die »Teufelsbrücke« oder der »Gong-Saal«. Aber vielleicht entdecken Sie auch etwas ganz Anderes. Jedenfalls lässt sich ein Höhlenbesuch bei 14 Grad an heißen Sommertagen nur empfehlen. An der Zahl der Reisebusse draußen ist abzulesen, dass viele Touristen derselben Meinung sind.
11 km nördl. von Anduze, D 50 hinter Luziers; März–Okt. tgl. 9.30–12 und 14–18 Uhr, Juli/Aug. durchgehend bis 18.30 Uhr; Eintritt 8 €, erm. 4 €

Train à vapeur des Cévennes
Der Dampfzug schnauft von Anduze nach Saint-Jean-du-Gard und auch wieder zurück. An der Bambouseraie, Europas einzigem Bambuswald, hält er an, gibt zwei Stunden Zeit zur Besichtigung, und dann kann man weiter- oder zurückfahren. Wer nach Saint-Jean fährt, hat 13 km über Brücken und durch Tunnel zurückgelegt. Wer oft hinausschaut, ist schwarz geworden. Es sind meist Kinder, die dann so schön aussehen wie der Lokführer oder der Heizer.
Bahnhof; Tel. 04 66 60 59 00; www.trainavapeur.com; Abfahrt 9.30, 11.30, 15 und 17 Uhr, April–Mitte Sept. tgl., Mitte Sept./Okt. tgl. außer Mo; Erwachsene 8,50 € (Rückfahrkarte 11 €), Kinder 6 (7) €

MUSEEN

Musée de la Musique
Es gibt Blas- und Saiteninstrumente, Trommeln und sogar ein Spinett aus dem 16. Jh. Die Instrumente wurden aus der ganzen Welt zusammengetragen, und immer wieder wird auf ihnen auch gespielt.
Route d'Alès (nahe Bahnhof); Tel. 04 66 61 86 60; Juli/Aug. 10–13 und 15–19 Uhr, Juni, Sept., So und Feiertage 14–18 Uhr

EINKAUFEN

Pôterie de la Madeleine

Für ihre Keramik-, besonders die großen Gartenvasen, ist die Stadt schon lange berühmt. Ludwig XIV. bestellte in Anduze einige Stücke für die Orangerie von Versailles.

Route de Nîmes

SERVICE

Auskunft

Office du Tourisme

Place du Plan-de-Brie (gegenüber dem Uhrturm), 30140 Anduze; Tel. 04 66 61 98 17, Fax 04 66 61 79 77; www.ot-anduze.fr

Ardèche

S. 113, östl. F 1/2

Kaum vorstellbar, aber bis in die 80er-Jahre warfen die Einwohner von Vallon, Ruoms und Aubenas ihren Müll einfach in den Fluss. 1980 wurde das Naturreservat **Gorges de l'Ardèche** geschaffen, womit der »grüne« Tourismus einsetzte. Wer heute im Sommer nach **Vallon-Pont-d'Arc** kommt, sieht vor lauter Kanus und Kajaks kaum mehr das Wasser. Die Bevölkerungszahl ist 40-mal größer als zur Winterzeit. 17 Bootsverleiher und etwa 3000 Wasserfahrzeuge warten auf Feriengäste.

Zwischen nördlicher und mediterraner Vegetations- und Klimazone hat sich der Fluss tief in das Kalkgestein geschnitten. Die Schönheit des 30 km langen **Canyons** mit seinen bizarren Felsgebilden und überraschenden Schleifen hat ihn auch für Anfänger des Wassersports in den vergangenen Jahren zu einem immer beliebteren Urlaubsziel gemacht.

Die grandiose Höhenstraße ist reich an idyllischen Aussichtspunkten. 1994 wurde eine Grotte mit 32 000 Jahre alten Malereien entdeckt. Seit 2006 ist der Öffentlichkeit ein Nachbau zugänglich.

Etwa 90 km nördl. von Nîmes

SERVICE

Auskunft

Office du Tourisme des Gorges de l'Ardèche

1, place de l'Ancienne Gare, 07150 Vallon-Pont-d'Arc; Tel. 04 75 88 04 01, Fax 04 75 88 41 09; www.vallon-pont-darc.com

Escapade Loisirs

Hier kann man Höhlengänge, Klettertouren, Tagestouren mit dem Mountainbike und Rafting organisieren lassen oder einen Führer für eine Zweitagestour auf dem Fluss bekommen. Geschlafen wird in Biwaks am Ufer, zurück geht es per Bus. Im Angebot außerdem: Höhlenwanderungen und nächtliche Unternehmungen.

8, place de la Mairie, Vallon-Pont-d'Arc; Tel. 04 75 88 07 87, Fax 04 75 88 11 74; www.escapade-loisirs.com; Ostern–Allerheiligen 8–22 Uhr

Expo Grotte Chauvet

Eine Replik der berühmten Grotte Chauvet, in der Höhlenforscher 1994 einzigartige Felszeichnungen entdeckten, ist es nicht. Aber man kann sich hier mit Film und Fotos einen Einblick in die fantastische Unterwelt verschaffen.

Rue de Miarou, Vallon-Pont-d'Arc; Tel. 04 75 37 17 68; 15. März–Mai, Sept.–15. Nov. Di–So 10–12 und 14–17.30, Juni–Aug. 10–13 und 15–20 Uhr, 16. Nov.–14. März nach Vereinbarung; Eintritt 5 €, erm. 2,50 €

Beaucaire

S. 117, F 9

13 500 Einwohner

Bis ins 18. Jh. hinein war der Ort eine berühmte Messestadt. Jedes Jahr am 21. Juli wird mit einem historischen Umzug, Ausstellungen, Kunstmarkt, Konzerten und Corrida an die Vergangenheit erinnert.

Wenn von Ostern bis Oktober das Stierkampffieber erwacht, geht es friedlicher zu als bei den Nachbarn.

Hier pflegt man die unblutigen Stierspiele, die »courses camarguaises«.
25 km östl. von Nîmes

Sehenswertes

Les Aigles de Beaucaire
Im Schloss spielt man Mittelalter: Frei lebende Raubvögel führen am Himmel ihr Flugballett vor.
Château de Beaucaire, 11, rue du Courrier; 25. März–1. Nov. tgl. außer Mi 14, 15, 16 und 17, Juli/Aug. tgl. 15, 16, 17, 18 Uhr; Schloss: Eintritt 4,10 €

Le Mas des Tourelles
Rekonstruktion einer galloromanischen Weinkellerei. Erwachsene kosten Weine, während die Kinder spielen, und in der Boutique kauft man auch gleich die Souvenirs: Wein, Öl, Kunsthandwerk oder Getöpfertes.
4294, route de Bellegarde, etwa 4 km auf der RD 38 Richtung Bellegarde; Tel. 04 66 59 19 72; Mo–Fr 9–12, 14–18 (Winter 17), Sa/So 14–18 Uhr

Le Vieux Mas
Das Leben auf dem Lande in der Provence im 18. Jh. wird vorgeführt.
Route de Fourques, ca. 8 km in Richtung Arles; tgl. 10–19 Uhr, Jan. geschl.

Service

Auskunft
Office de Tourisme
24, cours Gambetta, 30301 Beaucaire; Tel. 04 66 59 26 57, Fax 04 66 59 68 51; www.ot-beaucaire.fr

Florac

→ S. 112/113, C/D 2

2000 Einwohner

Drei Flüsse – Tarn, Tarnon und Mimente – treffen in dem Tal der Lozère, in dem Florac liegt, zusammen, und dann gibt es noch einen kleinen Fluss, der im Ort selbst entspringt. Man merkt schnell, dass man sich hier in einem viel besuchten Wanderparadies aufhält. Immer wieder tauchen die Hinweisschilder für einen »sentier«, einen Rundwanderweg, auf. Im Ort werden auch Privatzimmer vermietet.

Trotzdem sucht man hier im Sommer manchmal vergeblich nach einer Unterkunft. Wer vom Schloss aus, in dem auch das Büro des Cevennen-Nationalparks untergebracht ist, durch die Gassen schlendert, findet sich häufig in trostlosen Sträßchen wieder, in denen leer stehende Häuser zum Verkauf angeboten werden. Wohnen wollen hier nur wenige, aber als Basislager für Wanderer auf den endlosen Herdenwegen des Causse Méjean oder im Nationalpark Cevennen und die vielen Wassersportler, die keine Unterkunft bei den Gorges du Tarn gefunden haben, ist Florac optimal.
115 km nordwestl. von Nîmes

Hotels/andere Unterkünfte

La Lozerette
Im Weiler Cocurès am Eingang des Parc National des Cévennes liegt das alte Gebäude mit kleinen, aber charmanten Zimmern und einem schicken Speisesaal.

Das kleine Florac ist ein beliebter Ausgangspunkt für zahlreiche Wanderwege.

Cocurès, 5,5 km nordöstl. von Florac, über N 106 und D 998 zu erreichen; Tel. 04 66 45 06 04, Fax 04 66 45 12 93; www.lozere.net/la-lozerette.htm; 21 Zimmer ●● CREDIT

Grand Hôtel du Parc

In einem hübschen Park liegt das größte, ein wenig altmodische Hotel der Gegend; mit Schwimmbad.

47, av. Jean-Monestier; Tel. 04 66 45 03 05, Fax 04 66 45 11 81; www.grandhotelduparc.fr; 60 Zimmer ● CREDIT

L'Auberge Cévenol

Eine gemütliche Landherberge, in der man im Sommer auf der Terrasse und im Winter am Kamin gut essen kann, sofern man rechtzeitig einen Tisch bestellt hat.

48400 La Salle-Prunet, 2 km außerhalb an der Straße nach Alès; Tel. 04 66 45 11 80; Mitte Nov.–Anfang Feb. geschl.; 8 Zimmer ●

Spaziergang

Beim Schloss beginnt der so genannte Quellen-Rundweg, der **Sentier de la Source**. In einer guten halben Stunde hat man die **Source du Pêcher** erreicht und kann von hier aus einen wunderschönen Panoramablick über Florac genießen.

Sehenswertes

Aven Armand S. 112, B/C 2

3

Zwischen Causse Méjean und Gorges de la Jonte liegt die vielleicht schönste Tropfsteinhöhle der Gegend. Sie wurde 1897 entdeckt und 1927 geöffnet. Mit einer Seilbahn fährt man hinunter in einen 35 m hohen und etwa 60 mal 100 m großen, merkwürdigen Saal voller bizarrer Kalkgebilde, die sich im Laufe von Jahrtausenden zu geheimnisvollen Figuren, ziselierten Gerätschaften und weißen Palmen geformt haben.

Ende März–Anfang Nov. 9.30–18 Uhr; 10 Grad!; Führung 45 Min.; Eintritt Erwachsene 8 €, Kinder 5 €

Causse Méjean S. 112, B/C 2

Eine Wüste, 1000 m über dem Meeresspiegel gelegen, mit ganzen 1,4 Einwohnern auf einem Quadratkilometer. Nur einige Nebenstraßen und die »drailles«, die Herdenwege, sowie die großen Fernwanderwege durchziehen die öde Hochebene.

Gorges du Tarn S. 112, B/C 2

Zu Ostern, Pfingsten und natürlich im Sommer zieht es hier scharenweise Urlauber her. Hinter Ispagnac wird der kleine Fluss ungestüm. Dann lässt er Granit und Schiefer hinter sich, gräbt sich tiefer, stürzt über 500 m hohe

Das Naturerlebnis der Tarn-Schluchten erschließt sich umfassend nur den Reisenden, die den Fluss mit dem Kanu oder dem Kajak befahren.

Steinklippen in die Tiefe, zwängt sich zwischen La Malène und Les Vignes durch Engpässe, mäandert wild weiter wie am Cirque des Baumes, nimmt Haarnadelkurven bis hin zum Roc des Hourtous, wo Adler ihre Kreise über dem Wasser ziehen.

Parc National des Cévennes

⇢ S. 113, D/E 1

Der Nationalpark im Herzen der Cevennen, der sich rund um den Mont Lozère auf über 330 000 ha erstreckt, ist 1970 gegründet worden, um die Vielfalt der Tiere und Pflanzen in klimatisch sehr unterschiedlichen Bereichen zu schützen. Er ist Frankreichs einziger bewohnter Nationalpark, in der Kernzone siedeln um die 600 Menschen. Etwa 150 Vogelarten wurden gezählt, Auerhähne, Biber und Hirsche wieder angesiedelt. Man kann hier auf eigene Faust wandern, sich aber auch Führungen anschließen. Im **Centre d'Information du Parc National des Cévennes** im Erdgeschoss des Schlosses erhält man Themenblätter über Unterkünfte, Wander- und Reitwege und Jugendcamps. Auch Wanderführer werden hier verkauft (Juni–Okt.; Tel. 04 66 49 53 01; www.cevennes-parcnational.fr).

Schloss

Bevor die Nationalparkverwaltung 1973 das Schloss erwarb, renovierte und hier ihr Auskunftszentrum einrichtete, diente es als Ferienkolonie. Den großen Hof aus dem 13. Jh. mit dem Schloss aus dem 17. Jh. nutzte man im Laufe der Zeit als Herrensitz, Salzspeicher und Gefängnis.

Juli/Aug. tgl. 9–19 Uhr, sonst wechselnd

SERVICE

Auskunft

Office du Tourisme

Av. Jean Monestier, 48400 Florac; Tel. 04 66 45 01 14; www.ville-florac.fr, www.mescevennes.com

Le Grau-du-Roi – Port-Camargue

⇢ S. 117, D 11

5500 Einwohner

Auch mit neuen Fußgängerzonen und Blumenkübeln hat das Fischerstädtchen sich seinen Charme erhalten.

Von hier aus gelangt man im Osten nach Port-Camargue (3 km) mit Europas größtem Yachthafen vor dem bettenreichsten Wohnpark der Camargue. Wenn man den Ort rechts liegen lässt und weiterfährt in Richtung Phare de l'Espiguette, erreicht man etwa 5 km hinter Le Grau-du-Roi einen 8 km langen und unglaublich unbebauten breiten Sandstrand hinter hohen Dünen. Im »Seaquarium« besuchen Kinder und Erwachsene die Bewohner der Weltmeere.

49 km südl. von Nîmes

HOTELS/ANDERE UNTERKÜNFTE

Le Spinaker

An einer Marina gelegen, bietet das Luxushotel sehr schöne Zimmer und Appartements, afrikanisch, marokkanisch oder provenzalisch dekoriert, mit Terrasse oder Gärtchen an. Ein von Pinien und Palmen umstandenes Schwimmbad gehört ebenso dazu wie ein Gourmetrestaurant, in dem man Rindercarpaccio mit Trüffelöl, Suppe mit kleinen Felsfischen und andere Köstlichkeiten genießt.

Pointe de la Presqu'île, Port-Camargue; Tel. 04 66 53 36 37, Fax 04 66 53 17 47; www.spinaker.com; 21 Zimmer ●●● bis ●●●● CREDIT

SERVICE

Auskunft

Office du Tourisme

30, rue Michel Rédarès, 30240 Le Grau-du-Roi; Tel. 04 66 51 67 70, Fax 04 66 51 06 80; www.ville-legrauduroi.fr

Reiten

Ranch du Phare

Route de l'Espiguette; Tel. 04 66 53 10 87

Der Viadukt von Millau

Ein Wunderwerk aus Ingenieurskunst und Architektur, entworfen von Sir Norman Foster.

Eben noch war es wie immer: Der Obolus ist entrichtet, man gibt Gas und fädelt sich auf der französischen Autobahn ein. Aber jetzt entfernt sich die Landschaft in Windeseile, rutscht gleichsam weg, und links und rechts bleiben nur noch Wände. Führen mit gleichmäßigem Plexiglasmuster ins Nichts, erlauben keinen wirklichen Blick zur Seite oder hinunter, sind zu hoch und sollen es auch sein, um vor dem Mistral zu schützen, der es mit seiner Wucht schon geschafft hat, Campingwagen von der Rhône-Autobahn zu fegen. Also ist es gut so. Die Rhône-Autobahn führt nämlich auf der Erde entlang, und man selbst fährt jetzt im Himmel. Vielleicht wäre es wie im Flugzeug, hätte man Berge, Straßen, Bäume und Häuser noch im Blick und wehte nicht das Nebelweiß einer Wolke auf die Windschutzscheibe zu. Niemandsland oder Niemandshimmel? Es gibt den Augenblick, in dem man das nicht wissen will. Und dann zerreißen die milchigen Schwaden, fliehen wie luftige Schleier und geben den Blick frei auf Dörfer und Wälder, Straßen und Felder. Man schwebt mit einer 2460 Meter langen Brücke 270 Meter über dem Flusstal des Tarn, irgendwo zwischen den Bergrücken des Causse Rouge im Norden und des Causse du Larzac im Süden. Nach Süden hin steigt die Fahrbahn leicht an, und dann eröffnet sich der Panoramablick über das Tal mit den glitzernden Mäandern des Flusses ganz weit unten. Höher fährt man nirgendwo auf der Welt. Der Boden unter den Rädern liegt auf Stahl und scheint doch nicht fest. Empfindsame Naturen, die das filigrane Bauwerk in einer leichten Kurve von dannen ziehen sehen, schwören, es nie wieder zu befahren. Oder nur bei Sonnenschein. Andere warten auf Hochnebel für den echten Nervenkitzel.

Schneller in den Süden

Der Viadukt von Millau, wie an Pylonen in den Himmel gehängt, überspannt im Département Aveyron das Tarn-Tal und schließt eine Autobahn-

lücke von Clermont-Ferrand nach Béziers, von den Bergen ans Mittelmeer. Wer aus Paris kommt, soll Zeit sparen, nicht im Stau stecken, schwitzen, die Luft verpesten. Geplant wurde eine »Ortsumgehung« für Millau schon 17 Jahre vor der Eröffnung des Viadukts im Dezember 2004. 1996 gewann Sir Norman Foster, Architekt auch der Reichstagskuppel in Berlin, einen Wettbewerb zum Viadukt mit einer vielgliedrigen Schrägseilbrücke. Der bestechend schöne Entwurf überzeugte. Aber bis zum Baubeginn im Oktober 2001 waren noch unzählige Hürden zu überwinden.

Modernste Technik

Zwar baut man Schrägseilbrücken schon seit gut 50 Jahren, doch die besondere Situation warf neue Fragen auf. Die Trasse wird mit schrägen Stahlseilen an Pylonen aufgehängt. Wie viele Seile, was für Pylone, wie dem oft starken Wind trotzen? Ein bautechnisches Abenteuer begann im Windkanal. Im Maßstab 1: 3000 wurde die Realität getestet, die hier Böen von bis zu 200 km/h heißt. Pfeiler, auf denen die Pylone ruhen, wurden verändert, Betonfahrbahnen durch Stahl ersetzt, Gewichte reduziert. Stück für Stück und gestützt auf turmhohe Hilfspfeiler näherten sich nach 32 Monaten Bauzeit die Fahrbahnteile von Norden und Süden einander an – bis im Mai 2004, um genau 14.12 Uhr, eine Champagnerflasche zersprang und die beiden Teile aufeinander stießen. Der Rest war fast Routine. 200 km vom berühmten Pont du Gard, dem 2000 Jahre alten Römerviadukt, entfernt war ein neues Weltwunder entstanden.

Auffahrt A 75 im Norden, 700 m hinter der Autobahnausfahrt 45: Millau/Saint-Beauzély/Castelnau-Pégayrols. Erste mögliche Abfahrt Richtung Saint-Rome-de-Cernon / Roquefort / Saint-Affrique (keine Auffahrt von Süden), danach La Cavalerie (südliche Auffahrt).

Rastplätze gibt es nördlich am Kreuz von Gamasse (»L'Aire de la Garrigue«) und direkt vor der nördlichen Auffahrt bei Brocuéjouls (»Viaduc de Millau«), im Süden »L'Aire de l'Aveyron« in Sévérac-le-Château und »L'Aire du Larzac« auf der Höhe von L'Hospitalet-du-Larzac.

Maut (»péage«) 5,10 € im Winter, 6,80 € im Sommer. ---> S. 112, A 3

Nichts für schwache Nerven: Bei der Fahrt auf dem Viadukt von Millau – in Schwindel erregenden 270 Metern Höhe über dem Tarn-Tal – kann man den Wolken schon sehr nahe kommen.

Millau

→ S. 112, A 3

22 000 Einwohner

Das Städtchen gehört nicht mehr zum Languedoc-Roussillon – es liegt im Département Aveyron –, ist aber durch die neue Autobahn über das Tarn-Tal in die Region Languedoc nicht nur für Reisende aus anderen Ländern ins Blickfeld geraten. Der etwas verschlafene Ort, seit dem Mittelalter für die Topf- und Handschuhproduktion bekannt, hat die Tradition zumindest bei der Herstellung feiner handgefertigter Lederhandschuhe wieder aufleben lassen. In der Maison Fabre (20, bd. Gambetta) werden sie verkauft. Auf dem Marktplatz sitzt man an uralten Arkaden, Rue Droite und Rue du Voultre schmücken sich mit Häusern, von denen einige bereits im 12. Jh. entstanden sind.

95 km östl. von Nîmes

Museen

Musée de Millau

Römische Töpferwaren, Ausgrabungen aus der Region und vor allem das Skelett eines 180 Millionen Jahre alten Plesiosauriers sind zu besichtigen, im ersten Stock gibt es Häute und Handschuhe.

Place du Maréchal Foch; tgl. 10–12 und 14–18 Uhr, Juli/Aug. durchgehend; Eintritt 6,50 €

Service

Auskunft

Office du Tourisme

1, place du Beffroi, 12100 Millau; Tel. 05 65 60 02 42, Fax 05 65 60 95 08; www.ot-millau.fr

Pont du Gard

→ S. 117, F 9

Dieser »Pont« ist eigentlich keine Brücke, sondern Teil eines 49 km langen

4 **Aquädukts**, der von einer Quelle bei Uzès aus den Wasserbedarf der Stadt Nemausus deckte. Auf der dritten Bogenreihe flossen 20 000 m³ täglich in 49 m Höhe über das Gardon-Tal. Als im 4. Jh. Wartung und Kontrolle aufgegeben wurden, begann die Wasserleitung zu verkalken. Im 9. Jh. machte eine 40 cm dicke Kalkschicht sie gänzlich unbrauchbar.

Bewundernswert ist nicht nur die Ingenieurleistung, sondern auch das Kunstwerk an sich. Die Bogenläufe sind aus unabhängigen Ringen zusammengesetzt, woraus sich ihre Elastizität ergibt. Die großen, bis zu 6 t schweren Blöcke sind ohne Mörtel aneinander gefügt. Archäologen und Touristikmanager haben die Wasserleitung weiter ausgraben lassen. Der Amerikaner James Turrell hatte das Bauwerk 2000 ins rechte Licht gesetzt. Zwei große (kostenpflichtige) Parkplätze fangen die Besucher ab. Führungen, Film, Multimedia-Show und Kindergeländespielplatz sorgen für grundsätzliches Verständnis des Weltkulturerbes. Ob im klimatisierten Museum Expo (am linken Ufer), das von der Bautechnik bis zum römischen Alltag eine Menge Wissenswertes vermittelt, oder beim didaktisch klug aufgebauten Kinderspielmuseum Ludo – alles wird auch auf Deutsch vermittelt. Der Zugang zum Pont du Gard ist für Fußgänger frei, Picknicken, Wandern und Baden im Gardon sind also weiterhin erlaubt.

www.pontdugard.fr; Museen etc. Juni–Aug. Di–So 9.30–22, Okt.–März bis 17, sonst bis 19 Uhr; Tageskarte für alle Einrichtungen (inkl. Parkplatz) 15 €, Fam. 20 €, nur Ludo 4,50 €, Museum 8 € (Fam. 16 €), nur Parkplatz 5 €

23 km nordöstl. von Nîmes

Saint-Gilles

→ S. 117, E 10

11 000 Einwohner

Die Portalanlage der ehemaligen **Abteikirche** (1166) des Städtchens zählt mit ihrem üppigen skulpturalen Schmuck zu den bedeutendsten roma-

Le Grau-du-Roi (→ S. 47) ist einer der wenigen Fischerorte am Golfe du Lion.

nischen Kunstwerken. Die UNESCO hat sie in die Liste des Weltkulturerbes aufgenommen. Im Mittelalter mächtigste Abtei im Languedoc und Wallfahrtsziel auf dem Jakobsweg nach Santiago de Compostela in Spanien, ist sie während der Religionskriege so zerstört worden, dass nur eine später verkleinerte Kirche ohne Chor und Langhaus zu besichtigen ist. Der wertvollste Teil, die Westfassade, ist erhalten: Unter drei Rundbogenportalen ist die biblische Geschichte dargestellt. Die Krypta (Zugang an der Südseite) aus dem 11. Jh. diente unter den flachen Gewölben als Unterkirche. Eine Wendeltreppe hinter der Kirche gilt als eines der großen Meisterwerke mittelalterlicher Steinmetzkunst.

Tgl. 9–12 und 14–17, Juli/Aug. 15–19 Uhr
20 km südöstl. von Nîmes

Service

Auskunft

Office du Tourisme

1, place Frédéric Mistral,
30800 Saint-Gilles; Tel. 04 66 87 33 75;
www.ot-saint-gilles.fr

Saint-Jean-du-Gard

2500 Einwohner → S. 113, E 3

Die »Hauptstadt des Kamisardenlandes«, von welchem man mehr im Musée du Désert erfährt, ist Ausgangspunkt für die Fahrt mit dem Seidenzug nach Anduze oder zum Bambuswald. Beim Wochenmarkt am Dienstag trifft sich die Umgebung.

60 km nordwestl. von Nîmes

Hotels/andere Unterkünfte

La Corniche des Cévennes

Einfach, aber freundlich. Zum Essen kann man auf der Terrasse sitzen.

Quartier le Razet (letztes Haus am Ortsausgang Richtung Florac);
Tel. 04 66 85 30 38, Fax 04 66 85 32 48;
www.corniche-cevennes.com;
12 Zimmer ●

L'Oronge

»Oronge« ist der Name eines seltenen Speisepilzes, der in den Cevennen gedeiht. Das Hotel, ein auffallend hohes Bauwerk mitten im Ort, war im 16. Jh. eine Umspannstelle für Post-

kutschenpferde auf dem Weg von Nîmes nach Florac. Robert Louis Stevenson beendete 1878 hier seine Reise mit der Eselin Modestine durch das Languedoc. Man sitzt und isst gut im schattigen Hof.
103, grand' rue; Tel. 04 66 85 30 34, Fax 04 66 85 39 73; www.loronge.com; 15 Zimmer ● AmEx MASTER

MUSEEN

Musée du Désert
Im Geburtshaus des Kamisardenführers Pierre Laporte, besser bekannt unter seinem Spitznamen Rolland, wurde 1910 dieses Museum eingerichtet. Es ist Eigentum der Historischen Gesellschaft des französischen Protestantismus. Mit »Désert«, der »Kirche in der Wüste«, umschrieben die Hugenotten eine der furchtbarsten Phasen ihrer Geschichte, also die Zeit nach dem Edikt von Nantes und der Aufhebung der Glaubensfreiheit im Jahre 1685. »Le Désert« ist Symbol für den Durchhaltewillen der Glaubensgemeinschaft. Die Hugenotten interpretierten in Anlehnung an die Bibel ihre eigene Geschichte als Führung durch die Wüste. Den **Mont Aigoual** verehrten sie dabei als Pendant zum Berg Sinai. Das Museum liegt in Mas-Soubeyran, einem alten Cevennenweiler bei Mialet, 11,5 km südöstlich von Saint-Jean-du-Gard.
März–Nov. tgl. 9.30–12 und 14–18, Juli/Aug. 9.30–19 Uhr; Eintritt 4,50 €, erm. 3 €

Zahlreiche Arkaden säumen die zentrale Place aux Herbes im Städtchen Uzès.

Musée des Vallées Cévenoles
Seide und Kastanien, die wichtigsten Wirtschaftsprodukte der Cevennen bis zum 19. Jh., stellen die Hauptthemen des Heimatmuseums dar, das in ehemaligen Stallungen aus dem 17. Jh. eingerichtet ist.
95, grand' rue; www.museedescevennes.com; März–15. Nov. tgl. 9.30–18 Uhr; Eintritt 7,50 €, erm. 4,50 €

Le Voyage dans le Temps
Geschichte auf vier Rädern, von der Postkutsche bis zum Pontillac. Besonders hübsch: das Stadtcoupé von 1860, mit dem der Maler Henri de Toulouse-Lautrec durch die Gassen von Montmartre klapperte.
Av. de la Résistance; während der Saison durchgehend geöffnet, sonst nur an So und Feiertagen; Eintritt 4 €

SERVICE

Auskunft
Office du Tourisme
Place Rabaut-Saint-Etienne, 30270 Saint-Jean-du-Gard; Tel. 04 66 85 32 11, Fax 04 66 85 12 68; www.otsi.st.jeandugard.free.fr

Uzès

→ S. 117, nördl. E 9

7800 Einwohner

Zwischen Cevennen und Mittelmeer liegt in einer sanften Hügellandschaft das bezauberndste Städtchen im Languedoc. Urlauber erholen sich vor renovierten Arkaden, die schmucke Geschäfte verbergen, und unter Pla-

tanen von der Fülle historischer Denkmäler der Stadt, deren bekanntestes die **Tour Fenestrelle**, ein 42 m hoher Campanile aus dem 12. Jh., ist.
25 km nordöstl. von Nîmes

Hotels/andere Unterkünfte

Hôtel d'Entraigues
Gegenüber dem Bischofspalast steht das Haus aus dem 15. Jh., hübsch mit Antiquitäten eingerichtet und mit einem Schwimmbad ausgestattet. Gourmetrestaurant.
Place de l'Evêché;
Tel. 04 66 22 32 68, Fax 04 66 22 57 01;
www.hotelentraigues.com; 36 Zimmer
●● bis ●●● CREDIT

Mercure
Um ein Schwimmbad und eine schattige Terrasse herum sind mehrere Gebäude mit den Zimmern gruppiert. Man kann auch Tennis spielen. Das Restaurant ist nur abends geöffnet.
Route de Nîmes (0,5 km außerhalb des Ortes); Tel. 04 66 03 32 22,
Fax 04 66 03 32 10;
E-Mail: 205@accor.com;
60 Zimmer ●● CREDIT

Sehenswertes

Duché
Alter Herzogspalast mit bemerkenswerter Renaissance-Fassade und der **Tour Bermonde**, auf die 48 sehr steile Stufen hinaufführen.
1. April–30. Sept. 9.30–12 und 14.30–18, sonst 9.30–12 und von 15.30 Uhr bis zum Einbruch der Dunkelheit

Place aux Herbes
»Cyrano de Bergerac« wurde hier gedreht. Eine perfekte Kulisse mit hübschen Häusern und Arkaden, besonders am Mittwoch- und Sonnabendvormittag, wenn Markt ist.

Saint-Théodorit
Zusammen mit der **Tour Fenestrelle** und dem Bischofssitz bildet die Kathedrale ein schönes Ensemble. Ihre Orgel stammt aus dem Jahre 1670.

Tour Fenestrelle
Der elegante Campanile, der einzige runde in Südfrankreich, ist nur von außen zu besichtigen. Der 42 m hohe romanische Glockenturm ist der Rest einer mittelalterlichen Kathedrale.

Essen und Trinken

Les Fontaines
Man isst – traditionell und gut – in einem schönen gewölbten Saal eines Hauses aus dem 16. Jh. in der Nähe der Place aux Herbes; im Sommer auch im kleinen Hof.
6, rue entre les Tours; Tel. 04 66 22 41 20;
Sept.–Juni So abends und Mo geschl.
●●● MASTER VISA

L'Ancienne Gare
Hier wird ein günstiger Mittagstisch serviert, und jeden Abend stehen drei Menüs zur Auswahl: Es gibt provenzalische Spezialitäten.
Pont des Charettes; Tel. 04 66 03 19 15;
Mi abends und Do geschl., Juli/Aug. tgl. geöffnet ●● **bis** ●●●

La Jasse
Aus einem alten Gut für Seidenraupenzucht ist ein schönes Restaurant geworden. Gute regionale Küche.
Arpaillargues, etwa 4,5 km hinter Uzès an der D 982 Richtung Moussac, auf der linken Seite hinter dem Musée 1900;
Tel. 04 66 03 10 92; mittags und abends geöffnet ●

Service

Auskunft
Office du Tourisme
Chapelle des Capucins, place Albert 1er,
30700 Uzès; Tel. 04 66 22 68 88,
Fax 04 66 22 95 19; www.ville-uzes.fr

Märkte
Im Juni gibt es den Knoblauchmarkt, im August Weinmarkt, und am dritten Sonntag im Januar wird der Tag der Trüffel begangen. Von Ende November bis Anfang März werden auf der Avenue de la Libération Trüffeln verkauft.

Montpellier und Umgebung

Unweit der temperamentvollen Hauptstadt der Region locken Naturwunder und Bilderbuchdörfer.

Pulsierendes Zentrum des alten Montpellier ist die ovale Place de la Comédie (→ S. 56). Links im Hintergrund die Front des im späten 19. Jahrhundert erbauten Opernhauses.

In der Hauptstadt des Départements Herault, erst 1000 Jahre jung, von Studenten bevölkert, mit autofreiem Zentrum und postmodernen Trabantenstädten, würden die meisten Franzosen gern leben, wenn sie sich für den Süden entscheiden könnten. Das Meer schwappt fast bis vor die Tür, Flüsse schneiden sich als geologische Kuriositäten durch den Fels wie beim Cirque de Navacelles, und steinige Urlandschaften wie der Cirque de Mourèze widerstehen den Zeitläuften.

Montpellier ⇢ S. 116, C 10/11

218 000 Einwohner

Stadtplan → S. 57

Keine Römerspuren, an denen andere Orte im Languedoc-Roussillon doch so reich sind. Also kein Grund, die Hauptstadt der Region zu besuchen? Keine Stadt im Süden verändert sich so rasant, keine in Frankreich hat eine so große Fußgängerzone, keine so interessante Sozialwohnungen, zu denen die Besucherscharen hinströmen, und nirgends im weiten Umkreis gibt es so viel Musik und Theater. Zu weit zum Laufen? Wer lieber fahren möchte, nimmt Le Petit Train, einen Bummelzug, der alle fünf Minuten durch das alte Zentrum fährt, Tram oder Fahrrad.

Ein Bischof ließ im Jahre 819 auf dem Berg **Montiperet** eine Kirche bauen. Um sie herum entstand eine Siedlung, nicht allzu weit von der römischen Schnellstraße Via Domitia entfernt. Im 10. Jh. ließ sich Wilhelm I. auf dem Nachbarhügel nieder. Man vertrug sich, die Siedlungen näherten sich einander an. 1289 gestattete der Papst die Gründung der Universität, deren medizinische, philosophische und juristische Fakultäten heute noch einen guten Namen haben.

Über die Jahrhunderte ging es wirtschaftlich mal auf, mal ab, mal mit Tuch- und Lederhandel, dann mit Wein. Die Probleme der Neuzeit begannen 1962 mit dem Ende des Algerienkrieges, als mehr als 25 000 Algerienfranzosen und Algerier nach Montpellier zogen. Montpellier wurde 1964 zur regionalen Hauptstadt. Damit kam Geld zur Erweiterung der Verwaltungsgebäude, zum Bau einer Trabantenstadt für 30 000 Menschen, zur Erweiterung der Universität und für ein großes Einkaufszentrum in der Mitte der Stadt. IBM errichtete hier ein Zweigwerk, und andere Hightech-Unternehmen folgten. Aus den neu entstandenen Bettenburgen am Strand kamen die Touristen in die Geschäfte und Boutiquen der Altstadt und ließen hier ihr Geld. Montpellier ging es gut. Die Einwohner wählten den linken Juraprofessor Frêche zu ihrem Bürgermeister, und jeder verfolgte Montpelliers Entwicklung ab jetzt mit großen Augen: Die Altstadt wurde saniert. In bester Innenstadtlage entstand mit Antigone auf dem Gelände einer ehemaligen Kaserne ein einzigartiges Wohnbauprojekt: Hinter Säulen und Kapitellen verstecken sich Sozialwohnungen. Mit Le Corum baute man ein modernes Kongresszentrum. Euromédicine ist ein biomedizinischer Industriekomplex und Agropolis eine agrartechnologische Untersuchungsanstalt von Weltruf. Nun ist Montpellier auch dem Meer entgegengewachsen und schon Hafenstadt: In **Port Marianne** sollen einmal 50 000 Menschen leben.

Hotels/andere Unterkünfte

Jardin des Sens ⇢ S. 57, nördl. e 1

Die luxuriöse Herberge, zwischen Stadt und Land gelegen, beschäftigt tatsächlich alle fünf Sinne. Das Design stammt von Philippe Starck, die schönen und raffiniert-zweckmäßigen Möbel entwarf Bruno Borrione. Das Gourmetrestaurant, das sich zum Garten mit Swimmingpool öffnet, wird Jahr für Jahr mit Michelin-Sternen ausgezeichnet.

11, av. Saint Lazare;

Tel. 04 99 58 38 38, Fax 04 99 58 38 39;

www.jardindessens.com; 13 Zimmer und 1 Suite mit Pool ●●●● CREDIT ♿ 🐕

Le Guilhem → S. 57, b 1
Gebäude aus dem 16. und 17. Jh. sind als rustikales Hotel ausgestattet. Die obere Etage gewährt einen Blick auf die gotische Kathedrale Saint-Pierre. Balkons und Terrassen sind dem schönen Garten zugewandt.
18, rue Jean-Jacques Rousseau; Tel. 04 67 52 90 90, Fax 04 67 60 67 67; www.leguilhem.com; 36 Zimmer ●●● CREDIT 🐕

Aragon → S. 57, e 3
Nahe Place de la Comédie und nicht weit vom Bahnhof entfernt liegt das schöne Nichtraucherhotel mit geschmackvoll eingerichteten Zimmern, Klimaanlage und Internetanschluss.
10, rue de Baudin; Tel. 04 67 10 70 00, Fax 04 67 10 70 01; www.hotel-aragon.fr; 12 Zimmer ●● bis ●●● CREDIT ♿

La Maison Blanche → S. 57, nordöstl. f 3
In dem in einem Park unter alten Bäumen mit kleinem Schwimmbad gelegenen Hotel, das an eine Südstaatenvilla erinnert, steigen auch viele Künstler ab. Rechtzeitig reservieren!
Ecke Av. de la Pompignane/46, rue de Salaison (2 km vom Zentrum); Tel. 04 99 58 20 70, Fax 04 67 79 53 39; www.hotel-maison-blanche.com; 37 Zimmer ●● bis ●●● CREDIT ♿ 🐕

Ulysse → S. 57, nordöstl. f 1
Eine gute Adresse in einem ruhigen Viertel. Zudem handelt es sich hier um ein wirklich südliches Haus, modern und fröhlich mit individuell gestalteten Zimmern.
338, av. de Saint-Maur; Tel. 04 67 02 02 30, Fax 04 67 02 16 50; www.hotel-ulysse.com; 25 Zimmer ●● CREDIT ♿ 🐕

Spaziergang

Durch das alte Montpellier zu spazieren ist das reinste Vergnügen, auch wenn die schönen Stadtpaläste »nur« aus dem 17. und 18. Jh. stammen. Beginnen wir an der **Place de la Comédie**, »l'œuf«, das Ei, so genannt wegen ihres eiförmigen Grundrisses und lebendigster Punkt der Stadt. Hier, wo sich alles trifft, kann man sitzen und gucken und zuhören. Der Platz ist Laufsteg und Ruhepunkt zugleich mit Kunst und Kitsch und Straßenclowns, Cafés und Restaurants und außerdem von bemerkenswerten Bauwerken umstanden, wie der Oper aus dem Jahr 1888 und dem Brunnen mit den drei Grazien von 1776.

Am Nordende des Platzes geht es entweder nach rechts in die Einkaufspassagen des Triangle und Polygone oder nach links zur Esplanade Charles de Gaulle. Linker Hand der Promenade mit ihren Platanen und Wasserspielen, am Boulevard Sarrail, liegt das **Musée Fabre**. Am Ende der Esplanade trifft man auf das Kongresszentrum **Le Corum**, in dem sich zugleich das neue Opernpalais mit 2000 Plätzen befindet. Im Sommer kann man es samstags und sonntags betreten, ansonsten nur am Samstagnachmittag. Wer **Polygone** durchschreitet, betritt schon das Montpellier des Jahres 2000: **Antigone**. Über die Rue de la Loge (beachten Sie die Tür von Nr. 20!) kommt man zur Place Jean Jaurès, wenn man sich nicht vorher von zahlreichen Düften ablenken lässt und in den kleinen Geschäften in der Grand' Rue Jean Moulin oder der Rue de l'Argenterie (Nr. 3, 8, 10 und 20 lohnen einen Blick auf bemerkenswerte Fassaden) herumschlendert. Der Platz selbst ist ein überaus beliebter Studententreffpunkt.

Mit der Rue Foch erst hat man das alte Stadtzentrum Montpelliers erreicht. Ebenbild der Pariser Champs-Elysées mit der **Préfecture** und dem **Palais de la Justice** am anderen Ende vor dem Triumphbogen sollte sie werden, was jedoch nicht ganz gelungen ist. Die anschließende spätbarocke Promenade du Peyrou führt zum **Châ-**

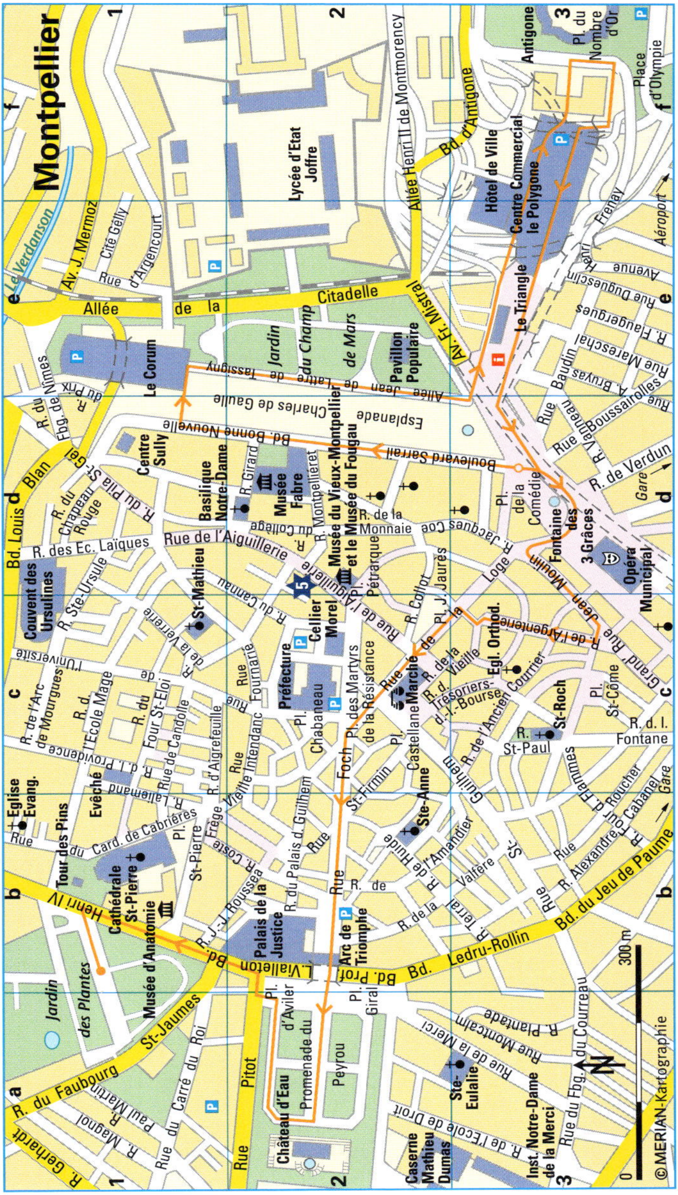
Montpellier
Le Verdanson
Av. J. Mermoz
Cité Gély
Rue d'Argencourt
Allée de la Citadelle
Lycée d'Etat Joffre
Allée Henri II de Montmorency
Bd. d'Antigone
Antigone
Pl. du Nombre d'Or
Place d'Olympie
Hôtel de Ville
Centre Commercial le Polygone
Le Triangle
Av. Fr. Mistral
Le Corum
Jardin du Champ de Mars
Pavillon Populaire
Allée Jean de Lattre de Tassigny
Esplanade Charles de Gaulle
Bd. Bonne Nouvelle
Boulevard Sarrail
Centre Sully
Basilique Notre-Dame
Musée Fabre
Musée du Vieux-Montpellier et le Musée du Fougau
Pl. de la Comédie
Fontaine des 3 Grâces
Opéra Municipal
R. de Verdun
Gare
Aéroport
Avenue Henri Frenay
Rue Duguesclin
R. Maguelone
R. Faugergues
Rue Mareschal
Rue Boussairolles
Rue Baudin
Bd. Louis Blanc
Couvent des Ursulines
R. Ste-Ursule
R. des Ec. Laïques
Rue de l'Aiguillerie
R. du Pila St-Gély
R. du Chapeau Rouge
Fbg. de Nîmes
R. du Collège
R. de la Monnaie
Pl. Pétrarque
Rue J. Cœur
Pl. J. Jaurès
Rue de la Loge
R. Collot
Cellier Morel
Préfecture
St-Mathieu
R. du Canau
R. de la Verrerie
Egl. Orthod.
Rue de l'Argenterie
Rue Jean Moulin
Grand Rue Jean Moulin
Pl. St-Côme
St-Roch
R. St-Paul
R. de l'Ancien Courrier
R. de la Vieille
R. d. Trésoriers-d. l. Bourse
Marché
Pl. Castellane
Pl. des Martyrs de la Résistance
Rue Foch
Pl. Chabaneau
Ste-Anne
Rue St-Firmin
Rue Guilhem
R. de l'Amandier
R. du Palais d. Guilhem
Arc de Triomphe
Palais de la Justice
Cathédrale St-Pierre
Musée d'Anatomie
Tour des Pins
Evêché
Eglise Evang.
R. de l'Arc de Mourgues
R. d. l'Ecole Mage
R. du Four St-Eloi
Rue de Candolle
R. d'Aigrefeuille
Rue Vieille Intendance
Rue Fournarie
Rue de l'Université
Rue du Card. de Cabrières
Pl. St-Pierre
R. Coste Frège
R. J.-J. Rousseau
Jardin des Plantes
R. du Faubourg St-Jaumes
Rue Pitot
Bd. Henri IV
Bd. Prof. L. Vialleton
Bd. Ledru-Rollin
Bd. du Jeu de Paume
Pl. d'Aviler
Promenade du Peyrou
Château d'Eau
Pl. Giral
R. Gerhardt
R. Magnol
R. Paul Martin
Rue du Carré du Roi
Caserne Mathieu Dumas
Inst. Notre-Dame de la Merci
Ste-Eulalie
R. de l'Ecole de Droit
Rue de la Merci
Rue Montcalm
R. Plantade
Rue du Fbg. du Courreau
R. Terral
Rue Valfère
R. Alexandre Cabanel
R. du Roucher
R. d. Flammes
R. d. l. Fontane
Gare
0
300 m
N
©MERIAN-Kartographie
1
2
3
a
b
c
d
e
f

Postmodern und heftig umstritten ist das östlich von Montpelliers Altstadt gelegene Wohn- und Büroviertel Antigone.

teau d'Eau. Von hier aus kann man über eine alte Wasserleitung hinweg bis auf die Cevennen blicken. Der nördlich liegende **Jardin des Plantes** wurde 1593 als erster botanischer Garten Frankreichs zum Studium von Heilpflanzen angelegt. Von Di–So kann man ihn von 12–20 Uhr besichtigen, dann mit der Tram Linie 1 Richtung Antigone zurückfahren.

Sehenswertes

Antigone → S. 57, f 3
Auf einer Strecke, die mit 1800 m genauso lang ist wie die Pariser Champs-Elysées, hat der katalanische Architekt Riccardo Bofill in unterschiedlichen Stilrichtungen Sozialwohnungen, Büros und Geschäftshäuser geplant. Als Vorbilder dienten ihm ganz offensichtlich Griechen und Römer, was dem Ensemble etwas Theatralisches verleiht. Dazu tanzen die Fontänen eines unterirdischen Brunnens »la fontaine du Nombre d'Or«.

Esplanade Charles de Gaulle → S. 57, d 3–e 1
Im 17. Jh. angelegt, aber nie so schön wie heute mit den vielen Bäumen und dem Wasser, in dem man seine Füße baumeln lassen kann.

Odysseum → S. 57, südl. f 3
Mit »Endstation Sehnsucht« wirbt Montpellier für den Haltepunkt der Tram-Linie 1 namens Odysseum: Zwischen Strand und Zentrum ist ein neues Viertel aus dem Sand gewachsen, Port Marianne, und zu den nagelneuen Highlights gehört Végapolis, ein Eispalast, der Jung und Alt jeden Tag Sport und kühles Vergnügen verspricht. Spektakel anderer Art bietet, auch im Vergnügungszentrum Odysseum, das Planetarium Galilée an. Technisch auf neuestem Stand, lädt es zu Ausflügen in die Galaxis ein.
Odysseum, Endstation Linie 1 oder A 9 Richtung Plages, Ausfahrt Millénaire

Promenade du Peyrou → S. 57, a 2
Am höchsten Punkt der Stadt wurde diese Promenade 1688 angelegt. Auf dem Wasserreservoir steht ein eleganter Säulentempel aus dem 18. Jh. Der Aquädukt Saint-Clément leitete das Wasser von der Lez-Quelle über das Tal in die Stadt.

Rue de l'Ancien Courrier → S. 57, c 3
Einer Post verdankt diese Straße ihren Namen. Besonders hübsch sind einige der luxuriösen Läden, die sie säumen. Ihren eigentlichen Charme jedoch machen die Gewölbe aus, die früher als Speicher und Ställe dienten und in denen heute Restaurants und Geschäfte untergebracht sind.

Museen

Musée d'Anatomie → S. 57, b 1
Faszinierend für alle, die ein Faible für Morbides haben und gerne konservierte kranke Körperteile in alten Glasvitrinen und aus Wachs modellierte Gliedmaßen bestaunen.

2, rue de l'Ecole-de-Médecine;
Mi 14–16.45 Uhr; Eintritt frei

Musée Fabre S. 57, d 2
In einer ehemaligen Jesuitenschule ist eines der bedeutendsten Kunstmuseen Frankreichs mit zahlreichen wichtigen Werken von Courbet, Delacroix, Dufy, Ingres und Matisse untergebracht. Am meisten hat man von der Besichtigung, wenn man ins sechste Stockwerk hinauffährt und dann durch Etagen und Jahrhunderte nach unten wandert.
13, rue Montpelliéret; Tel. 04 67 14 83 00; Wiedereröffnung 2007

Musée du Vieux-Montpellier et le Musée du Fougau S. 57, d 2
Im Musée du Vieux-Montpellier kann man anhand eines Stadtplans von 1771, Möbeln aus jener Epoche sowie Prozessionsutensilien ein Stück Stadtgeschichte erforschen. Oben ist das Musée du Fougau mit einer Sammlung traditioneller Gewänder, alter Nähmaschinen und regionaler Kunst untergebracht.
2, place Pétrarque, Hôtel de Varenne; Di–Sa 9.30–12 und 13.30–17 Uhr; Musée du Fougau: Mi/Do 15–18 Uhr; Eintritt frei

Essen und Trinken

Chandelier S. 57, f 3
Restaurant mit Aussicht im 6. Stock auf dem Dach eines verwegen geformten Gebäudes im Viertel Antigone. Im originellen Ambiente wird eine ambitionierte Küche serviert.
39, place Zeus; Tel. 04 67 15 34 38; Mo mittags und So geschl. ●●●
AmEx DINERS VISA

Petit Jardin S. 57, b 1
Mitten im Herzen der Altstadt liegt das Restaurant mit zwei ganz besonderen Vorzügen: Man sieht ihm den schönen Garten nicht gleich an, und es ist auch sonntags geöffnet. Gute regionale Küche.
20, rue Jean-Jacques Rousseau; Tel. 04 67 60 78 78; Mo geschl. ●●● CREDIT

L'Ecrin d'Anais S. 57, südl. c 3
»Ecrin« heißt Schmuckkästchen, und aus diesem werden kulinarische Köstlichkeiten gezaubert. Ob »formule du midi« oder »plat du jour«, mit überraschenden Kompositionen ist immer zu rechnen. Die Neugierigen sind zahlreich; Reservierung unerlässlich.
15, rue de la Fontaine; Tel. 04 67 02 14 50; So und Mo geschl.
●● AmEx VISA

Le Vieux Four S. 57, d 2
Traditionslokal, das sich rühmen darf, seit mehr als 25 Jahren Fleisch erster Qualität zu servieren. Außerdem regt der Holzkohlengrill den Appetit an.
59, rue de l'Aiguillerie; Tel. 04 67 60 55 95; Do–Di, nur abends ●● AmEx VISA

Einkaufen

Die schönsten Geschäfte Montpelliers findet man in der **Rue Saint-Guilhem**, der **Rue de la Loge**, der **Grand' Rue Jean Moulin** und der **Rue de l'Argenterie**. Wer nachrechnet, wird schnell feststellen, dass Kleidung günstiger ist und Lebensmittel teurer sind als zu Hause.

MERIAN-Tipp

5 Cellier Morel in Montpellier

Hier, in der Maison de la Lozère, hört man die Wölfe heulen und die Pilze wachsen. Warum und wie, wird nicht verraten. Die Küche ist so gut und das Lokal so gut besucht, dass sich Vorbestellung empfiehlt. Im Gewölbesaal im Untergeschoss wird ein hervorragendes und reichhaltiges Mittagsmenü serviert. Abends fühlt man sich als Gast vollends verwöhnt. Mancher findet hier sogar auch das lang gesuchte Mitbringsel.

27, rue de l'Aiguillerie;
Tel. 04 67 66 46 36; 13.–19. Aug.
Mo, Mi mittags und So geschl.
●●● CREDIT S. 57, d 2

AM ABEND

Die Abendcafés in der Altstadt um die Place Jean Jaurès schließen in Montpellier um 1 Uhr. Danach geht es in die »boîte«, die Disco. Die meisten Discos liegen an den Straßen nach Palavas (Le Matchico) und nach Carnon.

Grand Café Riche → S. 57, d 3

Mögen andere Cafés am Platz Moden und Launen folgen, so verharrt dieses doch mitsamt seinem Stammpublikum angenehm im Zeitgeist von gestern: Es ist elegant, man sitzt bequem, und die Quasi-Lounge-Musik ist dezent. Man genießt die ersten Sonnenstrahlen beim Kaffee wie den letzten Drink am Abend.

Place de la Comédie;
Tel. 04 67 60 75 76; tgl. 9–1 Uhr

Mimi-la-Sardine

→ S. 57, südwestl. a 2

In einer alten Keksfabrik treten regelmäßig die unterschiedlichsten Gruppen auf. Die Bar, die mit Sesseln aus Kunstleder eingerichtet ist, hat die Form einer Sardine. An zwei Billardtischen kann man Snooker spielen. Gute Atmosphäre, gute Musik.

690, chemin des Canquilloux;
Do–So 19–1 Uhr

Rockstore → S. 57, südl. d 3

In Montpelliers Rocktempel in einer alten Kirche nahe dem Bahnhof treffen sich die Jugendlichen zum Bier, Musikhören und Tanzen. Mehrmals unter der Woche finden hier auch Konzerte statt.

20, rue de Verdun; Mo–Sa 23–4 Uhr

SERVICE

Auskunft

Office du Tourisme de la Région de Montpellier → S. 57, e 3

Stadtführungen; Montpellier-Pass.

30, allée J. de Lattre de Tassigny,
34000 Montpellier; im Sommer auch im Bahnhof; Tel. 04 67 60 60 60,
Fax 04 67 60 60 61; www.ot-montpellier.fr

Flughafen

Von Montpellier gibt es täglich mehrere Verbindungen nach Paris und über Nizza nach München. Ryanair fliegt täglich nach Frankfurt-Hahn (www.ryanair.com).

Ziele in der Umgebung

Agde → S. 116, A 12

17 500 Einwohner

Agathé, die Schöne, nannten die Griechen den Ort, der vom Millionen Jahre alten Vulkangestein dunkel ist. Im Musée Agathois, einem Renaissancehaus im Quartier Bourg vor der ehemaligen Stadtmauer (5, rue de la Fraternité), lässt sich die Vergangenheit

Blick auf Béziers und den Pont de l'Orb. Die gewaltige Cathédrale Saint-Nazaire überragt die alte Stadt nun schon seit mehr als 600 Jahren.

mit Fischerei und Kunsthandwerk ergründen. Im Sommer bevölkern Millionen von Touristen die sieben breiten, feinsandigen Strände von **Cap d'Agde.** Auch viele Deutsche zieht es jedes Jahr hierher. Dann sind Yachthafen, Golf- und Tennisplätze sowie die künstlichen Inseln und Kinos, Nachtbars und Diskotheken bis auf den letzten Platz besetzt, und auch im Gassenlabyrinth der hübschen kleinen Stadt ist einiges los.
71 km südwestl. von Montpellier

SERVICE

Auskunft

Office de Tourisme

Bulle d'Accueil, 34305 Le Cap d'Agde; Tel. 04 67 01 04 04; und: 1, espace Molière, 34300 Agde; Tel. 04 67 94 29 68; www.capdagde.com

Béziers

→ S. 115, F 7/8

72 000 Einwohner

Beschaulich schöne Ecken sind in der ruhigen, von Wein umrankten Stadt zu finden. Bereits seit dem 1. Jh. unserer Zeitrechnung exportierte man von hier aus Wein über die Via Domitia in Richtung Rom. Im Mittelalter zerstörten Kreuzritter große Teile der Stadt, da das liberale Béziers sich standhaft weigerte, die Katharer auszuliefern. Aber bald wurde Béziers dank seines Weins wieder wohlhabend, und am Ende des 19. Jh. war es die reichste Stadt im gesamten Languedoc. Außer Wein zieht Béziers auch durch andere Attraktionen, wie beispielsweise Stierkämpfe und Rugby, Jahr für Jahr jede Menge Besucher an.

Der Charme der Stadt erschließt sich erst, wenn man sich schon fast mittendrin befindet und die **Cathédrale Saint-Nazaire** oberhalb des Pont de l'Orb postkartenschön vor einem liegt. Endlos, schattig und idyllisch erstrecken sich die **Allées Paul Riquet** – benannt nach dem aus Béziers stammenden Erbauer des Canal du Midi –, das eigentliche Stadtzentrum. Freitags wird aus der Stadt ein riesiger Markt.
102 km südwestl. von Montpellier

HOTELS/ANDERE UNTERKÜNFTE

Château de Lignan

Schöner alter Bischofssitz im großen Park am Ufer des Orb mit angenehmen Zimmern. Schwimmbad.
Lignan-sur-Orb, 5 km nordwestlich von Béziers (D 19, Richtung Murviel); Tel. 04 67 37 91 47, Fax 04 67 37 99 25; www.chateauxhotels.com/lignan; 49 Zimmer ●●● CREDIT ♿ 🐕

Champ de Mars

In einer ruhigen Straße in der Nähe der Place du 14 Juillet steht das kleine Hotel garni für Nichtraucher mit Garten.
17, rue de Metz; Tel. 04 67 28 35 53, Fax 04 67 28 61 42; www.hotel-champdemars.com; 10 Zimmer ● CREDIT

SEHENSWERTES

Les Halles

In der sehr schön restaurierten Halle von 1891 ist an jedem Vormittag Markt. Für viele gilt er als einer der besten in der ganzen Region.
Place P. Semard; Mo geschl.

Saint-Nazaire

Von der romanischen Kirche aus dem Jahre 1209 ließen die Kreuzzügler lediglich Krypta und Kapitelle im östlichen Langhaus stehen. Im 15. Jh. entstand schließlich der gotische Bau. Durch den Portalvorbau auf der rechten Seite kann man das Kloster betreten und dem kleinen Museum mit Grabsteinen und Sarkophagen einen Besuch abstatten. Eine Treppe führt hinunter in den Bischofsgarten. Von hier aus hat man einen bezaubernden Ausblick auf die Stadt.
Place des Albigeois; Kloster und Garten im Sommer 9–19, im Winter wie Kirche tgl. 9–12 und 14.30–18 Uhr

MUSEEN

Mit einer Eintrittskarte für 4 € kann man alle Museen der Stadt besuchen.

Musée des Beaux-Arts

Über drei Etagen hinweg erstreckt sich eine erlesene Gemäldesammlung mit Bildern u. a. von Eugène Delacroix, Maurice Utrillo und Giorgio de Chirico.

Hôtel Fabrégat, Place de la Révolution; Di–Sa 9–12 und 14–18, Juli/Aug. 10–18 Uhr

Musée du Biterrois

Ein beachtliches archäologisches und ethnologisches Museum in den Räumen einer ehemaligen Kaserne.

Rampe du 96, Caserne Saint-Jacques; Juli/Aug. Di–So 10–18, im Winter 9–12 und 14–18 Uhr

ESSEN UND TRINKEN

Le Cep d'Or

Die Küche ist ausgesprochen gut. Versuchen sollten Sie unbedingt einmal die Spezialität des Hauses, das »menu aïoli«.

7, rue Viennet; Tel. 04 67 49 28 09; mittags und abends geöffnet ●●● CREDIT

SERVICE

Auskunft

Office du Tourisme

29, av. St-Saëns, 34500 Béziers; Tel. 04 67 76 47 00; www.beziers-tourisme.fr

Celles und Lac du Salagou

→ S. 115, F 6

Einen Bauernhof, der Zimmer an die sportlichen Ausflügler vermietet, gibt es noch vom Ort Celles. Vor 20 Jahren siedelte die Regierung die Bewohner um, um für den Stausee **Lac du Salagou** Platz zu schaffen. Letztlich stellte sich die Umsiedlung als sinnloses Unternehmen heraus, da kein Wassertropfen des Sees die Ortschaft erreichte. Heute dient das auf so kuriose Art zur Geisterstadt gewordene Celles gelegentlich als Filmkulisse.

Der künstlich angelegte Lac du Salagou füllt den Krater eines erloschenen Vulkans. Noch 255 Millionen Jahre später verleihen die Folgen des letzten Ausbruchs der Landschaft ihre Färbung: rote Erde um einen blauen See. Das Gewässer ist beliebt bei Anglern, Seglern und für das Wochenendpicknick. Zelte stehen am Ufer, und Kinder lernen unter elterlicher Anleitung schwimmen. Für kleine Boote ist genug Platz vorhanden.

50 km nördl. von Montpellier

Cirque de Navacelles

→ S. 116, A 9

Radfahrer, Motorradfahrer, Wanderer und Autofahrer stehen und sitzen auf dem Mäuerchen und starren ins Tal hinunter: Ganz unten, am Rand eines Kalkplateaus, hat ein kleiner Fluss namens Vis einen 400 m tiefen Talkessel in den Kalk gefräst. In der Flussschleife liegt das Dorf Navacelles. Wie Spielzeugautos sehen von hier oben die Wagen aus. Ganz langsam winden sie sich die Serpentinen hinauf zu den Neugierigen an und auf der Mauer. Hinunter kann man auch eine der unterschiedlich langen und anstrengenden Wanderrouten nehmen (www.navacelles.com). Aussichtspunkt: Saint-Maurice. 5

54 km nordwestl. von Montpellier

Garrigues

→ S. 116/117, C 10–D 9

Die Garrigue ist eine Strauchheidelandschaft, die sich nördlich von Montpellier bis zu den Cevennen erstreckt. Auf langen ausgeschilderten Wegen kann man die Gegend, die sämtliche Vorstellungen von einer Heidelandschaft übersteigt, durchwandern. Steineichen wachsen hier sowie kniehoher Rosmarin und Thymian und Dornenbüsche. Schon im späten Frühjahr, wenn die Sonne auf das karge

Wasserkraft hat den eindrucksvollen Cirque de Navacelles geschaffen.

Land brennt, singen die Zikaden unermüdlich für die Spaziergänger.

La Grande-Motte

6450 Einwohner S. 117, D 11

Als futuristisches Experiment beargwöhnt und gleichermaßen geliebt wurde die Pyramidensammlung des Avantgarde-Architekten Jean Balladur, als sie Mitte der 60er-Jahre in den Sand gesetzt wurde, um die Urlauberströme nach Spanien zu bremsen und im Land zu halten. Zwei Monate lang im Jahr tobt das Leben in der künstlichen Gemeinde. Wenn danach allerdings Kinderanimationen, Freilufttheater, Diskotheken, Nachtklubs, Restaurants, Golf- und Tennisplätze wieder verwaist sind, bleibt nur eine »grande motte« übrig, ein großer Steinhaufen mit Thalassotherapie.

28 km östl. von Montpellier

Service

Auskunft

Office du Tourisme

Place de la Mairie, 30210 La Grande Motte; Tel. 04 67 56 42 00, Fax 04 67 29 03 45; www.ot-lagrandemotte.fr

Lamalou-les-Bains

2150 Einwohner S. 115, E 6

Lebhaft geht es in dem Thermalbad zu, das in einer Gegend errichtet wurde, die an künstlich geschaffenen Attraktionen arm ist. Hier kurierten schon André Gide und Alphonse Daudet, Alexandre Dumas und der Sultan von Marokko ihre Gelenkleiden. Das Bad ist ganz im Stil der Belle Epoque gehalten. Einmal im Jahr wird hier ein

MERIAN-Tipp

6 Cirque de Mourèze

Etwa 8 km von Clermont-l'Hérault entfernt, an der D 908, verschmilzt das alte Dorf Mourèze zusammen mit enormen Steingiganten zu einer bizarren Felslandschaft. Auf sechs oder sieben Kilometern lösen riesige Steinformationen einander ab. Felsige Dämonen ragen aus der Erde auf. Mit festen Schuhen kann man sich die Urlandschaft auch abseits der angebotenen Führung gut erwandern.

S. 115, F 6

Operettenfestival veranstaltet. Außerdem hat man verschiedene Möglichkeiten, sich zu unterhalten, sei es im Kino oder in einem der vielen Cafés und Restaurants.
79 km nordwestl. von Montpellier

SERVICE
Auskunft
Office de Tourisme
1, avenue Capus, 34240 Lamalou-les-Bains; Tel. 04 67 95 70 91, Fax 04 67 95 64 52; www.ot-lamaloulesbains.fr

Pézenas

S. 116, A 11

7600 Einwohner

Wegen seiner fürstlichen Feste wurde der Ort einst »Versailles du Languedoc« genannt. Unter Ludwig XI. im 13. Jh. schon königliche Stadt und von da an in wechselndem fürstlichen Besitz, hat sich der Ort ein reichhaltiges Kulturerbe bewahrt. Ein ausgeschilderter Rundgang beginnt am Fremdenverkehrsbüro auf der Place Gambetta und führt an den schönen Fassaden aus einer reichen Zeit vorbei.
55 km südwestl. von Montpellier

Vom Mont Saint-Clair aus kann man den belebten Hafenort Sète gut überblicken.

SERVICE
Auskunft
Office du Tourisme du Pays de Pézenas
Place Gambetta, 34120 Pézenas; Tel. 04 67 98 36 40; www.ville-pezenas.fr

Saint-Guilhem-le-Désert

S. 116, A 10

230 Einwohner

Schon wieder ein Bilderbuchdorf, das auch im Mittelalter die Massen anzog. Das ist heute nicht anders. Auf seinem Rückweg von Rom um das Jahr 800 herum ließ Wilhelm der Kurznasige das Kloster auf der Anhöhe errichten. Nach seinem Tod wurde er hier auch begraben, doch sein Sarkophag verschwand während der Religionskriege. Kostbare Reliquien im Inneren des Klosters machten das Dorf zu einem Wallfahrtsort für Jakobspilger auf dem Weg nach Spanien und zum Weltkulturerbe.
47 km nordwestl. von Montpellier

HOTELS/ANDERE UNTERKÜNFTE
Mas Cambounet
Bauernhof aus dem 18. Jh. ca. 15 km südlich mit großzügigen schönen Zimmern und gutem Abendessen.
Familie Perret; Gignac, RN 109 Richtung Montpellier, dort nach ca. 3 km abbiegen (ausgeschildert); Tel. 04 67 57 55 03; www.mas-cambounet.com; 6 Zimmer
●● CREDIT

SERVICE
Auskunft
Office du Tourisme
Kanuverleih für Touren auf dem Hérault, Fahrradverleih.
2, rue Font du Portal, 34150 Saint-Guilhem-le-Désert; Tel./Fax 04 67 57 44 33; www.saint-guilhem-le-desert.com

Sète

→ S. 116, B 11/12

42 000 Einwohner

Kanäle durchziehen das Hafenstädtchen, und Wohlwollende bezeichneten es sogar als das Venedig des Languedoc. Das ist übertrieben, denn der älteste Fischereihafen an der Küste (seit 1666) ist von Industrie, Lärm und Beton geprägt. Auch die Strände lassen zu wünschen übrig. Doch bietet der Ort eine gute Ausgangsbasis für Ausflüge in alle Richtungen. Und abends, wenn sich die hell erleuchteten Restaurants im Wasser spiegeln und die Stadt nach Fisch und Knoblauch duftet, gewinnt sie den Charme zurück, den die berühmten Söhne von Sète, Georges Brassens und Paul Valéry, besungen haben.

35 km südwestl. von Montpellier

Hotels/andere Unterkünfte

Grand Hôtel

6 Das um 1880 erbaute Hotel hat seinen unwiderstehlichen bourgeoisen Charme ganz und gar erhalten. Um einen wunderschönen Patio gruppieren sich stilecht möblierte Zimmer. Das Restaurant ist exzellent.

17, quai de Lattre de Tassigny;
Tel. 04 67 74 71 77, Fax 04 67 74 29 27;
www.legrandhotelsete.com; 43 Zimmer
●●● bis ●●●● CREDIT

Port Marine

Modernes Haus an der Môle Saint-Louis, die unter Ludwig XIV. gebaut wurde. Die Einrichtung der Zimmer erinnert an Schiffskabinen. Swimmingpool auf dem Dach.

Môle Saint-Louis;
Tel. 04 67 74 92 34, Fax 04 67 74 92 33;
www.hotel-port-marine.com; 52 Zimmer
●●● CREDIT

L'Orque Bleue

Mitten im Zentrum versteckt sich das hübsche Hotel hinter Stuck und Säulen. Von den Zimmern zum Kanal genießt man die Aussicht auf die Stadt.

10, quai Aspirant Herber;
Tel. 04 67 74 72 13, Fax 04 67 51 20 17;
www.hotel-orquebleue-sete.com;
30 Zimmer ●● CREDIT

Sehenswertes

Espace Georges Brassens

Seit 1991 kann man sich hier mit dem Leben und Wirken des anarchistischen Barden vertraut machen. Das Grab von Brassens befindet sich auf dem nahe gelegenen Cimetière Le Py.

67, bd. Camille Blanc; Juni, Sept. tgl.
10–12 und 14–18, Juli/Aug. bis 19 Uhr,
sonst Mo geschl.

Mont Saint-Clair

Von dem nur 182 m hohen Berg hat man einen wunderschönen Blick über die Stadt. Richtung Béziers, dann den Schildern nach rechts folgen.

Essen und Trinken

Palangrotte

Ein Restaurant für Seeleute, jedenfalls für alle, die gern Fisch essen.

Rampe P. Valéry, quai Marine;
Tel. 04 67 74 80 35; So abends und
Mo geschl., außer im Juli und Aug.
●●● AmEx MASTER VISA

La Panne

Auf dem am Ende der Môle Saint-Louis liegenden Schiff kann man vorzüglich Fisch essen und manchmal auch Chansons lauschen.

Môle Saint-Louis; Tel. 04 67 74 49 50;
März–Ende Okt. tgl., sonst So und
Mo abends geschl. ●●

Service

Auskunft

Office de Tourisme

60, grand' rue Mario Roustan,
34200 Sète; Tel. 04 67 74 71 71,
Fax 04 67 46 17 54; www.ot-sete.fr

Sète Croisière

Im Sommer werden täglich Schiffsfahrten um Sète, zum Bassin de Thau, zum Angeln und manchmal auch nach Aigues-Mortes angeboten.

Carcassonne mit Katharerland

Eine Festungsstadt und romantisch gelegene Burgruinen bleiben hier nicht nur Kinderträume.

Der Mittelalter-Nostalgie des 19. Jahrhunderts ist es zu danken, dass die Oberstadt von Carcassonne nicht nur erhalten blieb, sondern noch schöner wurde.

Die Reise führt ins Mittelalter, aber die Schwerter, die hinter dem Festungsgraben der Oberstadt von Carcassonne in Kinderhänden klappern, sind glücklicherweise aus Plastik, und Reisende dürfen in den Hotels der Festung jeglichen zeitgemäßen Komfort erwarten. Hinter Weinfeldern und Bergen jedoch sind Ruinen, auf Felsen getürmt, die einzigen Zeugen einer grausigen Vergangenheit, in der Katharer verfolgt und getötet wurden. Antiquitäten ganz anderer Art sind im Bücherdorf Montolieu und im Dinosaurier-Museum von Espéraza zu bestaunen.

Carcassonne → S. 114, A/B 8

43 900 Einwohner

Stadtplan → S. 69

Mit dem Hausboot ist die Anreise am schönsten. So hat man im Sommer eine beschauliche Fahrt unter dem kilometerlangen Platanenschirm über den **Canal du Midi** hinter sich, bevor die Karussellmusik in den Ohren klingelt und die Animateure in die Folterkammern locken. Der Bürgermeister von Carcassonne sinniert darüber, die Tagestouristenzahl zu begrenzen. Doch nicht einmal die horrenden Parkgebühren schrecken die Fans der mittelalterlichen Burg. 1997 ist die Cité von Carcassonne von der UNESCO in die Liste des Weltkulturerbes aufgenommen worden.

Dabei wollte man die mittelalterliche Oberstadt, **la Cité**, eigentlich
7 abreißen, weil niemand sie mehr brauchte. Die Grenze zu Spanien verlief längst durch die Pyrenäen, weshalb von dieser Seite keine Gefahr mehr drohte. Statt des Militärs regierten Wein- und Tuchhandel die Unterstadt, in der sich die Bewohner Carcassonnes angesiedelt hatten, da sie zur Strafe für ihre Unterstützung der Katharer aus der Oberstadt vertrieben worden waren. Der berühmte Architekt Viollet-le-Duc begann 1844 mit der Restaurierung des mittelalterlichen Relikts.

Vom Abrissobjekt zum Kindertraum

3 km doppelter Festungsmauern und 56 Türme umschließen heute den Ort mit Schloss und Kathedrale, Marktplatz, teuren Hotels – und einer Jugendherberge – sowie unzähligen Andenkenläden und Gaststätten. Im Sommer hallen die Lieder mittelalterlicher Minnesänger zwischen den Mauern und kreuzen »Ritter« die Klingen an einem Ort, an dem eher das Töten als das Spielen die Geschichte prägte. »Lices« heißen die Gräben zwischen den Festungsmauern. Hier ist es gleich etwas stiller: Manche Besucher der Stadt lassen sich zum Picknick nieder oder unternehmen einen Spaziergang, auf dem man ermessen kann, wie ab- und eingeschlossen zugleich das Leben hier einmal gewesen sein muss.

Aber plötzlich hört man wieder ein Pferd schnauben. Und schon klappert ein voll besetztes Kutschengespann um die Ecke, und man fühlt sich wieder in alte Zeiten zurückversetzt!

Die »ville basse«, die Unterstadt, heißt nun Côté Bastide St. Louis. Man spricht in Paris schließlich auch nicht vom Montmartre als der Unterstadt, beschied der Bürgermeister.

Mindestens eine Stelle in dem stillen und etwas langweiligen Städtchen überbietet die Festung an Schönheit: der **Pont-Vieux** über die Aude aus dem 13. Jh. mit seinen zwölf Bögen auf 210 m Länge. Von hier aus hat man besonders abends einen herrlichen Blick auf die oben gelegene illuminierte Kulisse.

Hotels/andere Unterkünfte

Du Donjon → S. 69, b 2/3

Mittelalterliche Häuser mit neuestem Komfort, Garten, Klimaanlage, Bar, Salons und Parkmöglichkeit. Einzig-

artige Treppe vom wunderschönen Erdgeschoss aus dem 14. Jh. ins 20. hinauf. Aufzug vorhanden.
2, rue du Comte-Roger;
Tel. 04 68 11 23 00, Fax 04 68 25 06 60;
www.hotel-donjon.fr; 63 Zimmer
●●● CREDIT

Des Trois Couronnes

S. 69, westl. a 1

Die wunderbare Lage nahe dem Pont-Vieux am Ufer der Aude verspricht den Traumblick auf die Cité, und dazu gibt es auf der oberen Etage auch noch ein Panorama-Restaurant.
2, rue des Trois Couronnes;
Tel. 04 68 25 36 10, Fax 04 68 25 92 92;
www.hotel-destroiscouronnes.com;
68 Zimmer ●● bis ●●● CREDIT

Hostellerie St-Martin

S. 114, A 8

Im Weiler Montredon, nur 4 km außerhalb über die Rue A. Marty zu erreichen, findet man die Ruhe selbst. Das ländliche Haus im Park ist von nichts als Landschaft umgeben. Die hübschen Zimmer sind rustikal-provenzalisch eingerichtet. Glücklicherweise gibt es am Ende des Parks ein Restaurant in einem schönen Gebäude aus dem 14. und 17. Jh. neben einem Turm aus dem 12. Jh. Serviert wird vor Fresken oder auf der Terrasse eine klassisch-gute Regionalküche.
Hameau de Montredon;
Tel. 04 68 47 44 41, Fax 04 68 47 74 70;
www.chateausaintmartin.net; 15 Zimmer
●● AmEx DINERS MASTER

Sehenswertes

Basilique St-Nazaire

S. 69, b 3/4

Die romanische Kirche aus dem 13. Jh. hat trotz mehrfacher Vergrößerungen ihre Harmonie erhalten. Viollet-le-Duc beschrieb sie als Juwel im Museum Carcassonne. Das hinderte ihn jedoch nicht daran, den Glockenturm zur Zinne für die Festung umzubauen. Die Kirchenfenster gelten als die schönsten im Süden Frankreichs.
Mo–Sa 8.45–12.45 und 13.45–18 (Winter 17), So 8.45–10.30 und 14–18 (Winter 17) Uhr; Eintritt frei

Château Comtal

S. 69, a/b 2

Die Festung in der Festung wurde 1130 erbaut und diente zunächst als Gefängnis, im 19. Jh. als Kaserne, im Ersten Weltkrieg wieder als Haftanstalt (für 300 deutsche Offiziere) und im Zweiten Weltkrieg als Hauptquartier für die Nazis. Heute ist sie Museum und Zeugnis für das kriegerische Mittelalter.

Zeugnis einer langen und oftmals kriegerischen Geschichte – das Château Comtal ist Teil der Befestigungsanlagen von Carcassonne.

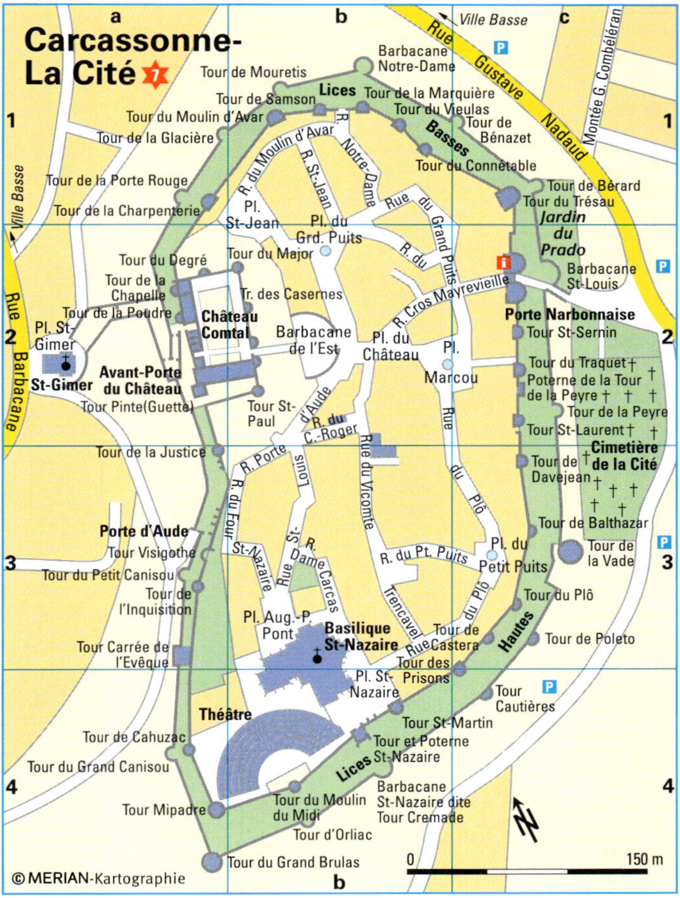

Okt.–März 9.30–17, April–Sept. 9.30–18.30 Uhr, an Feiertagen geschl.; Eintritt 8,50 €, erm. 6 €

Porte Narbonnaise ⇢ S. 69, c 2
Der Haupteingang der Festung liegt zwischen Zwillingstürmen aus dem 13. Jh. Innen Ausstellungen moderner Kunst. Besichtigungen mit der Pferdekutsche starten hier (Tel. 04 68 71 54 57; April–Okt. 10–18 Uhr; Erwachsene 6 €, Kinder 4 €).

Promenade de Lices
⇢ S. 69, a 1–c 4
Gleich links hinter der Brücke nach dem Eingang kann man in den Festungsgraben einbiegen. Man sieht hier mehr als in den schmalen Gassen der Altstadt von Carcassonne und kann auch gut erkennen, welche der Türme nachgebaut wurden. Morgens und abends ist es hier sehr ruhig. Mehrere Treppen führen immer wieder in das Ortsinnere.

So luxuriös kann man in Carcassonnes Hôtel de la Cité logieren.

Essen und Trinken

L'Ecurie ⟶ S. 69, nordwestl. b 1

Die Boxen, in denen die Gäste sitzen, waren für Pferde gebaut, aber das ist schon 300 Jahre her. Geblieben ist die Ruhe, auf der schönen Terrasse ebenso wie im Innenhof. Eine gute, einfache bis klassische Küche wird hier gepflegt: Kaninchenterrine, baskisches Gemüseragout zu Tunfisch, Tournedos Rossini.

43, bd. Barbès; Tel. 04 68 72 04 04; mittags und abends geöffnet ●● bis ●●● AmEx MASTER VISA

Auberge de Dame Carcas ⟶ S. 69, b 2

Ein renommiertes Gasthaus mitten in der Cité, dem der Touristenrummel über die Jahre hinweg nicht geschadet hat. Ob man im Gewölbekeller oder auf der Terrasse Platz nimmt, das Essen ist gleichermaßen köstlich und das Brot selbst gebacken. Regionale Weine werden zu angenehm zivilen Preisen serviert.

3, place du Château; Tel. 04 68 71 23 23; Jan. und Mi nur abends geöffnet ●● MASTER

La Divine Comédie ⟶ S. 69, nordwestl. b1

Die »Göttliche Komödie« ist ein beliebter Treffpunkt Einheimischer in der Unterstadt. Zu den Spezialitäten gehört ein guter »cassoulet«, aber man kann unbesorgt auch Pizza essen. Reservierung ist ratsam.

29, bd. Jean Jaurès; Tel. 04 68 72 30 36; So geschl. ●● CREDIT

Einkaufen

La Cavavin ⟶ S. 69, nordwestl. b 1

Weinfreunde finden hier Erzeugnisse aus der Region sowie die bekannten Sorten aus anderen Gebieten Frankreichs in beachtlicher Auswahl.

69, rue de Verdun

Marché ⟶ S. 69, nordwestl. b 1

Unter alten Platanen verkaufen die Bauern aus der Umgebung dienstags, donnerstags und samstags von 7–13 Uhr ihre Waren auf dem Markt.

Place Carnot

Saveurs de l'Aude ⟶ S. 69, nordwestl. b 1

Regionale Produkte und dabei natürlich die obligatorische Dose (oder das Glas) mit »cassoulet« für zu Hause.

12, rue Armagnac

Am Abend

Le Xenon ⟶ S. 69, nördl. b 1

Die Disco für alle Generationen: Living-Room mit Musik der 70er/80er und Saal mit Techno, House, Latino.

Route de Mazamet; Tel. 04 68 25 97 62; tgl. 22–5 Uhr

Service

Auskunft

Office du Tourisme ⟶ S. 69, nordwestl. b 1

28, rue de Verdun, 11890 Carcassonne Cedex 9; Tel. 04 68 10 24 30, Fax 04 68 10 24 38; www.carcassonne-tourisme.com

Midi-Croisières

⇢ S. 69, nordwestl. b 1

Verleih von Motorrollern, Motorschiffen und Tretbooten.

Gegenüber vom Bahnhof; Tel. 04 68 47 57 58

Veranstaltungen

Les Aigles de la Cité

Raubvogelschau an der Colline de Pech Mary.

800 m vor der Cité; Juli/Aug. tgl. 15, 17 und 18.30, sonst 15 Uhr, So auch 16.30 Uhr; Eintritt 8 €

Festival de Carcassonne

Theater, Tanz und Jazz im Juli.

www.festivaldecarcassonne.com

Médiévales

In der Cité wird Anfang August Mittelalter gespielt.

14. Juli

Nirgends in der Region wird der Nationalfeiertag mit solchem Aufwand begangen, und vielen ist es das schönste Spektakel überhaupt: Das Schloss, die Türme und Zinnen, die ganze mittelalterliche Cité erstrahlt in leuchtendem Rot, bevor ein Feuerwerk sie in buntes Licht taucht.

Ziele in der Umgebung

Château de Peyrepertuse

⇢ S. 118, C 14

Wer sich nicht für Burgen interessiert oder nicht klettern mag und wem die Katharer egal sind – eine Festung sollte er vielleicht doch näher ins Auge fassen. Die Ruinen des Château de Peyrepertuse bilden die Reste der größten mittelalterlichen Befestigung im Languedoc. Die Jahrhunderte haben die Steine auf den hellen Felsen gebleicht, und je näher man kommt, desto imposanter erheben sie sich: Fast 2,5 km Steinmauern umschlossen eine kleine Stadt.

8 Im 11. Jh errichtet, wurde die **Zitadelle** später noch um eine zweite Burg verstärkt. Hier kann man hinaufsteigen und die Überreste der ersten besichtigen, die über eine in den Fels gehauene Treppe zu erreichen ist. Feste Schuhe und mindestens eine Stunde Zeit braucht man für Aufstieg und Besichtigung. Wer hinunterklettert, tut das mit dem Gefühl, sich dies mittelalterliche Monstrum wirklich erarbeitet zu haben, aber es lohnt sich.

Zerstört im Widerstreit religiöser Überzeugungen – die Katharerburg Peyrepertuse.

Von **Cucugnan** aus gelangt man auf der D 14 nach 4 km nach **Duilhac-sous-Peyrepertuse**, wo man am Ortseingang links fährt. Am Ende der kleinen Straße kann man parken. Eintritt muss man für den Aufstieg von April bis September bezahlen (Erwachsene 5 €, Kinder 3 €). Sonst sind die Kassenhäuschen verwaist, ähnlich wie bei den anderen Festungen. Vermeiden Sie es jedoch wegen der Gefahr eines möglichen Steinschlags auf jeden Fall, allein oder nachts hochzuklettern.

www.chateau-peyrepertuse.com
78 km südöstl. von Carcassonne

Corbières und Katharerland → S. 118/119, C 14–D 13

Südlich des Canal du Midi und der Autobahn 61, die Atlantik und Mittelmeer verbindet, von Carcassonne bis Narbonne zieht sich das ehemalige Land der Katharer und ihrer verlassenen Burgen hin.

Der Ursprung dieser religiösen Bewegung wird im Balkan vermutet. Von dort aus zogen die »boni homines«, die »guten Menschen«, etwa im 12. Jh. durch viele Länder Europas und ließen sich hier nieder. Ihr Einfluss in Südfrankreich währte jedoch nur bis ins 14. Jh.

Da die Katharer revolutionäre religiöse Grundsätze vertraten, für die Abschaffung der Todesstrafe und der Leibeigenschaft einstanden und ihr Leben auf strenge Askese, Wahrheitsliebe und Zivilcourage gründeten, machten sie sich die allgewaltige römisch-katholische Kirche zum Gegner. Große Teile des Adels schlossen sich dem Katharerzweig der Albigenser an. Papst Innozenz III. erklärte diese kurzerhand zur bedrohlichen Sekte, rief gegen die Dämonen, wie er sie bezeichnete, zum Kreuzzug auf und leitete damit die blutigen Albigenserkriege ein. Gewaltige Ruinen, vor allem in den Corbières, von denen die meisten nur mühsam und zu Fuß zugänglich sind, sind die letzten Zeugen der Katharerzeit.

Etwa 50 km südl. von Carcassonne

Cucugnan → S. 119, D 14

113 Einwohner

Alphonse Daudet hat mit seinen »Lettres de mon moulin« das hübsche Dorf mit seinen altertümlichen Sträßchen und in warmen Farben gehaltenen Häusern unsterblich gemacht. Dabei galt es lange als bloße Erfindung des Dichters. Von Cucugnan aus erreicht man nach 2 km auf der D 123 das **Château de Quéribus**

Auf dem Ende des 17. Jahrhunderts angelegten Canal du Midi kann man in einem Hausboot tagelang gemächlich dahingleiten.

in 730 m Höhe. Die im 11. Jh. erbaute Festung gilt als letzte Widerstandsinsel der Katharer und fiel im Jahre 1255. Gut 20 Minuten dauert es schon, die Burg, die wie ein Adlerhorst in den Felsen hängt, zu erklimmen. Aber der wundervolle Blick auf die Pyrenäen und über die Corbières entschädigt.
81 km südwestl. von Carcassonne

Hotels/andere Unterkünfte

Auberge du Vigneron
Kleines Logis-de-France-Hotel mit gutem Restaurant.
2, rue Achille Mir; Tel. 04 68 45 03 00; www.auberge-vigneron.com; 6 Zimmer
●● CREDIT

Espéraza

S. 118, B 14

2250 Einwohner

Das **Dinosaurier-Museum** in Espéraza, 15 km südlich von Limoux an der D 118, zeigt eine bemerkenswerte Ausstellung: Modelle der Urtiere in ihrer natürlichen Umgebung. Schließlich bevölkerten die riesigen Echsen vor 70 Millionen Jahren das Aude-Tal. Die Skelette in natürlicher Größe sind bis zu 11 m hoch. Ein Videofilm und ein Diorama vervollständigen die Informationen über die Urzeitmonster.
Av. de la Gare; tgl. 9–12 und 14–18, Juli/Aug. 10–19 Uhr; Eintritt Juli/Aug. 7 €, erm. 5 €, sonst 4,90 €, erm. 3,90 €
38 km südl. von Carcassonne

Montagne Noire

S. 114, A/B 7

Die Ausläufer des Zentralmassivs begleiten den Canal du Midi, und wer Carcassonne in Richtung Toulouse bzw. Castelnaudary verlässt und sich etwa 10 km hinter der Stadt von der N 113 in Richtung Montolieu wendet, befindet sich schnell in den unglaublich grünen »Schwarzen Bergen«. Jeder Tiefausläufer, der die Pyrenäen überwunden hat, regnet hier ab. Wer in dem Städtchen **Saissac** zwischen verfallenen Schlossmauern und verlassenen Häusern herumklettert, hört an jeder Ecke Wasser plätschern und nimmt überall Pflanzenpracht in voller Blüte wahr. Im Mittelalter gewährten die engen, dicht bewachsenen Täler den Katharern Schutz vor den päpstlichen Kreuzzugstruppen.

1210 m hoch ist der **Pic de Nore**. Von hier strömten die Bäche herab, mit denen der Erbauer Pierre-Paul Riquet den Canal du Midi speiste.
20 km nördl. von Carcassonne

Montolieu

S. 114, A 8

850 Einwohner

Der Buchbinder Michel Braibant beschloss 1989, aus dem verschlafenen Tuchmacherstädtchen ein Dorf der Bücher zu machen. Mit einem Buchmarkt begann es, und jetzt scheint Montolieu auf dem besten Wege, das vierte europäische **Bücherdorf** zu werden. An jedem dritten Sonntag im Monat ist Markt und im August Buchmarkt in allen Straßen.

Besichtigen sollte man die nahe gelegene **Papiermühle** (www.moulinapapier.com) am Ende eines 400 m langen botanischen Lehrpfades. Man kann hier an einem der gut besuchten Kurse des typografischen Ateliers teilnehmen.
Conservatoire des Arts et Métiers du Livre, Rue de la Mairie; Tel. 04 68 24 80 04; www.montolieu.net
17 km nordwestl. von Carcassonne

Museum

Musée Michel Braibant
Von den Anfängen der Schrift bis zur Druckkunst und der Entwicklung der Illustration erfährt man hier alles, was für eine Buchstadt wichtig ist. Auch, wie alles, was gestern gedruckt worden ist, entstand.
Rue de la Mairie; jeden Tag des Jahres geöffnet – nur montags nicht; Eintritt 4,50 €, erm. 3 €

Narbonne und Umgebung

Rund um die einst glanzvolle alte Römerstadt warten Seen, kulinarische Freuden und wilde Tiere.

Auf der Place de l'Hôtel de Ville im Herzen von Narbonne geht es immer lebhaft zu. Zu Zeiten der Römer lag die Stadt noch am Meer.

Das Meer hat sich seit der Römerzeit entfernt, aber immer noch ist Narbonne auf dem Wasserweg erreichbar, denn der Canal de la Robine verbindet Mittelmeer und Canal du Midi. Viel aufregender finden Feinschmecker jedoch den See von Bages, aus dem manch Krustentier auf kurzem Weg in die Töpfe besternter Köche wandert. Strauchheide und Binnenseen sind zum Reservat für afrikanische Tiere, auch Vögel und Reptilien geworden.

Narbonne

→ S. 115, D/E 8

48 000 Einwohner

Stadtplan → S. 77

Die Stadt hat schon bessere Zeiten gesehen. Heute ist sie zwar die an Einwohnerzahl größte des verhältnismäßig armen Départements Aude, doch von der prunkvollen Hauptstadt der römischen Provinz Gallia Narbonensis blieben nur Trümmer erhalten. Araber und Burgunder, Westgoten und Karolinger bemächtigten sich nacheinander der Hafenstadt, nachdem die Römer sie verlassen hatten. Am begrünten **Canal de la Robine** lagern die Hausboote der Flussreisenden und promenieren Einwohner wie Feriengäste. Von der **Place de l'Hôtel de Ville** gelangt man über die **Rue Droite** in die alten Viertel, die früher auch Könige gesehen haben.

Hotels/andere Unterkünfte

La Dorade → S. 77, b 1

Einst vornehmes Haus im historischen Viertel über dem Kanal und 1648 als erste Herberge des Ortes gegründet. Zu seinen namhaften Besuchern gehörten Louis Bonaparte (der Bruder Napoleons), Könige aus Spanien und Holland sowie einige Prinzen. Die Unterkunft ist entsprechend geräumig, komfortabel und bröcklig-charmant.

22, rue Jean Jaurès; Tel. 04 68 65 52 07, Fax 04 68 65 81 62; 31 Zimmer

●● AmEx VISA

Sehenswertes

Cathédrale Saint-Just → S. 77, c 1/2

Kaum eine gotische Kathedrale Frankreichs ist höher. Mit den angrenzenden sakralen Bauwerken nimmt die Kirche fast ein ganzes Viertel ein. Im 13. Jh. begonnen, blieb sie, abgesehen vom Kreuzgang, unvollendet. Im 14. Jh. konzentrierte man sich auf den Ausbau der Befestigung. Mauern und Türme verfielen, und das Geld zum Weiterbau ging aus. Im Inneren birgt die Kathedrale kostbare Kapellenfenster aus dem 14. Jh., eine Marmorstatue aus dem 15. Jh. und ein bemaltes **Kardinalsgrab** aus dem 14. Jh. Ein flämischer Wandbehang aus Gold und Seide, gegen Ende des 15. Jh. gefertigt, stellt die »Schöpfung« dar.

Place de l'Hôtel de Ville

Horreum → S. 77, c 1

Man braucht Fantasie, um sich diese Kellergewölbe als erhaltenswertes römisches Relikt vorzustellen. Seine Bedeutung wurde erst in diesem Jahrhundert erkannt und ist noch nicht vollständig erforscht. Offensichtlich befand sich dieses Vorratslager unterhalb eines großen Marktplatzes.

7, rue Rouget de Lisle; tgl. 9–12 und 14–18 Uhr, Okt.–März Mo geschl.; Eintritt 3 €, erm. 2 €

Palais des Archevêques → S. 77, b/c 2

Ein Garten trennt die beiden Gebäude des Bischofspalastes, wovon das eine aus dem 12. Jh. stammt und das andere aus dem 14. Jh. Letzteres beherbergt das archäologische und das kunsthistorische Museum. Im Ersteren werden vor- und frühgeschichtliche Funde und solche aus der Römerzeit gezeigt, darunter ein Meilenstein der Via Domitia. Neben Skulpturen und Keramik sind im kunsthistorischen Museum Gemälde aus dem 16. bis 20. Jh. ausgestellt.

Place de l'Hôtel de Ville; tgl. 9.30–12.15 und 14–18 Uhr, im Winter Mo geschl.; Eintritt 6 €

Essen und Trinken

Table St-Crescent → S. 77, südl. a 3
Das Restaurant am Stadtrand liegt im Palais du Vin, und wer den kennt, weiß, dass das ein gutes Omen ist. Auch die Terrasse liegt am Weinberg, so dass zur exzellenten Küche der passende Tropfen nicht fehlt.
Route de Perpignan, Palais du Vin; Tel. 04 68 41 37 37; Sa mittags, So abends und Mo geschl. ●●● bis ●●●● CREDIT

Service

Auskunft

Office de Tourisme → S. 77, c 1
Place R. Salengro, 11100 Narbonne; Tel. 04 68 65 15 60, Fax 04 68 65 59 12; www.mairie-narbonne.fr

Ziele in der Umgebung

Abbaye de Fontfroide

→ S. 119, E 13

Eine der besterhaltenen Klosteranlagen im Süden Frankreichs. Seit 1908 befindet sich das im 10. Jh. von Zisterziensermönchen errichtete Bauwerk in Privatbesitz. Das einsam gelegene Kloster mit dem wunderschönen Kreuzgang ist zugänglich, jedoch nur mit einer Führung zu besichtigen.
An der RD 613; www.fontfroide.com; Juli/Aug. 9.30–18, Sept./Okt. 10–16.45, Nov.–März 10–16, April, Juni 10–16.45 Uhr, nur mit ca. einstündiger Führung; Eintritt 9 €, erm. 2 €
15 km südwestl. von Narbonne

Erinnerungen an die römische Vergangenheit von Narbonne findet man am Nordufer des Canal du Midi (→ S. 96).

Essen und Trinken

La Table de Fontfroide
Die Schäferei der alten Zisterzienserabtei ist geschmackvoll restauriert worden, und jetzt gibt es dort in einem eleganten Saal unter gekreuzten Spitzbögen eine wohlschmeckende provenzalisch inspirierte Küche.
Tel. 04 68 41 02 26; nur mittags
●● MASTER

Bages

→ S. 119, F 13

2700 Einwohner

Der hübsche Ort, ein Geheimtipp für Feinschmecker, liegt oberhalb eines der schönsten Binnenseen an der Küste, dem Etang de Bages. Was an dem kleinen Fischereihafen angelandet wird, lässt sich in einem der dortigen Restaurants ganz frisch verspeisen. Neben **La Table du Pêcheur** lockt noch das mit einer Gault-Millau-Kochmütze dekorierte Restaurant **Le Portanel**.
8 km südl. von Narbonne

Essen und Trinken

Le Portanel
Mit Blick auf den See. Rechtzeitige Tischbestellung, besonders am Wochenende, dringend empfohlen.
La Placette; Tel. 04 68 42 81 66; So abends und Mo geschl., außer in den Sommerferien ●●● CREDIT

Gruissan

→ S. 119, F 13

2200 Einwohner

Südlich von Narbonne-Plage mit seinem Sand und Wind sowie diversen

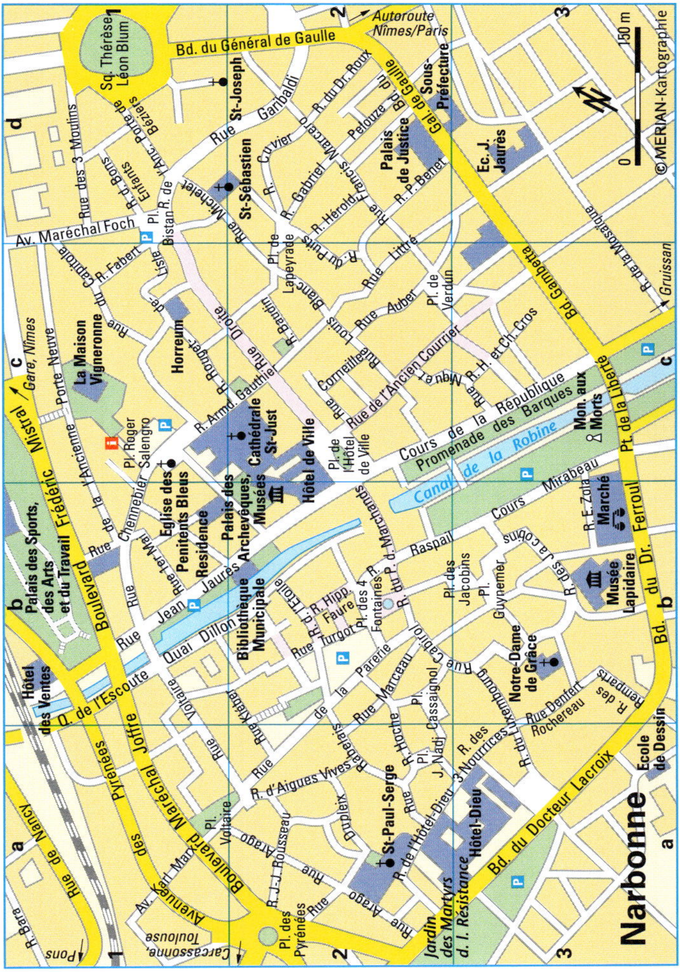

Möglichkeiten zum Golfen, Tauchen, Angeln und Segeln liegt ein hübsches, in konzentrischen Kreisen gebautes Fischerdorf. Noch hat das Örtchen mit den über 1000 Stelzenhäuschen, die von rosafarbenen Flamingos auf den umliegenden »étangs« umringt werden, seine ursprüngliche Atmosphäre bewahrt. Allmählich hat sich jedoch neben den so genannten »maisons sur pilotis« die supermoderne Marina, wie man hier die Vergnügungsindustrie am Meer nennt, vor den verblüfften Vögeln breit gemacht. Genannt wird das Ganze Gruissan-Plage. Es sei daran erinnert, dass »plage« nur Strand heißt.

15 km südöstl. von Narbonne

Der 41 Meter hohe Innenraum der Cathédrale Saint-Just (→ S. 75) in Narbonne.

SEHENSWERTES

Tour Barberousse

Vom Ortszentrum aus führt eine Treppe hinauf zur Ruine eines mittelalterlichen Schlosses. Von oben hat man einen wunderbaren Blick über die Binnenseen, die Corbières und das Massif de Clape sowie über den konzentrisch errichteten Ort.

MERIAN-Tipp

7 Musée Hurepel

In einem der ältesten Häuser Minerves, in der Rue des Martyrs, ist die Geschichte der okzitanischen Katharer mit Tonfiguren dargestellt. Man sieht die Burgen, die Schrecken der Kreuzzüge, und der letzte Katharer verliert sein Leben auf dem Scheiterhaufen. Der Begleittext (auch auf Deutsch) ist so anschaulich, dass auch Kinder dieses Stück Geschichte neugierig und gespannt verfolgen.

Tel. 04 68 91 12 26; April–Juni tgl. 11–12.30 und 14–18, Juli–Sept. tgl. 10–13 und 14–19, Okt.–März tgl. 13–18 Uhr; Eintritt 4 €, erm. 2 €

→ S. 114, C 7

SERVICE

Auskunft

Office du Tourisme

1, bd. du Pech-Maynaud, 11430 Gruissan; Tel. 04 68 49 09 00, Fax 04 68 49 33 12; www.ville-gruisssan.fr

Minerve

→ S. 114, C 7

220 Einwohner

Minerve wurde 1210 nach wochenlanger Belagerung von den Kreuzfahrern erobert. Der Großteil der Bevölkerung, der sich weigerte, zum Katholizismus überzutreten, musste danach auf Scheiterhaufen sein Leben lassen. Es blieb erhalten, was die Kreuzzüge übrig gelassen haben. Der Reiz des Städtchens hat sich herumgesprochen. Man parkt am Ortseingang und geht zu Fuß.

32 km nordwestl. von Narbonne

ESSEN UND TRINKEN

Le Relais du Chantovent

Traumlage: Mitten im Ort sitzt man über der weiten Landschaft und genießt reichliche Portionen guter ländlicher Küche. Auch einfache Zimmer.

17, grand' Rue; Tel. 04 68 91 14 18; So abends und Mo geschl. ●●● MASTER

La Réserve Africaine de Sigean

→ S. 119, E/F 13

Auf 300 ha Garrigue und »étangs« leben in diesem afrikanisch anmutenden Gebiet mehr als 1200 Vögel, 300 Säugetier- und 150 Reptilienarten in ungewöhnlicher Freiheit. Viele von ihnen sind vom Aussterben bedroht.

www.reserveafricainesigean.fr; tgl. 9–20, Winter bis 16.30 Uhr, Kassenschluss 19.30 Uhr (Winter 16 Uhr); Eintritt 22 €, erm. 18 €

16 km südl. von Narbonne

Perpignan mit Umland und Küste

Katalanisches Flair und Klassiker der modernen Kunst – und für Badefreuden ist auch gesorgt.

Von der Festungsanlage Le Castillet (→ S. 82) hat man ganz Perpignan im Überblick, Frankreichs südlichste – und heißeste – Großstadt. Im Hintergrund die Pyrenäen.

Hinter den Pyrenäen liegt Spanien. Das hört man am katalanischen Stimmengewirr, das sieht man an der zunächst fremden Architektur, den abendlichen Tänzen auf belebtem Platz, und nirgends ist es in Frankreich heißer als hier. Da empfiehlt sich die traumhaft schöne Küstenstraße Richtung Süden mit den winzigen Stränden, die schon Maler inspirierte. Was sie hier schufen, ist landeinwärts in Céret zu besichtigen.

Perpignan

→ S. 119, E 15

163 000 Einwohner

Stadtplan → S. 83

Wenn die Luft in den engen Gassen glüht, dann ist es Sommer in Perpignan und höchste Zeit, an die **Côte Vermeille**, die rostrot schimmernde Küste mit grünen Rebhängen über einem unglaublich blauen Meer, zu flüchten. Oder in die Berge im Norden, wo sogar im Juli und August Wanderer über die Hochplateaus und durch grüne Täler ziehen, weil es sich hier gut aushalten lässt. Dann atmet Perpignan erst am Abend auf, und auf der **Place de la Loge**, wo sich am Donnerstagabend Einheimische und Touristen als Zuschauer bei dem traditionellen katalanischen Tanz Sardana treffen, schmeckt wieder ein leichter Landwein.

Erst seit 350 Jahren gehört das Roussillon, das bis zu den Pyrenäen und Andorra reicht, mit Perpignan als Verwaltungssitz zu Frankreich. Ein Drittel aller Einwohner des Roussillon lebt in Perpignan, das im 13. Jh. zweite Hauptstadt Mallorcas war. Das hatte nur praktische Gründe: König Jakob II. hatte die Balearen und die östlich der Pyrenäen gelegenen katalanischen Besitzungen als Königreich Mallorca geerbt. Vom fernen Palma aus ließ es sich schlecht regieren, also musste eine Zweithauptstadt her. Kirchen und ein Palast blieben aus der 68 Jahre kurzen Regierungszeit der Könige von Mallorca. Doch noch mehr Spanisches, besser Katalanisches, ist erhalten geblieben: in der Sprache, die anders klingt, in der einfachen Bauweise vieler umliegender Dörfer und natürlich in der Tradition.

Nordafrikanische, spanische und portugiesische Einwanderer bestimmen das Straßenbild der lebhaften Stadt, in deren Zentrum Park- und Kaufhäuser dominieren. Doch schon nach wenigen Schritten verliert sich der Trubel, und man betritt eine gegensätzliche Welt und ahnt, dass soziale Probleme auch hier eine Rolle spielen, die man bei einem flüchtigen Besuch kaum wahrnimmt.

Hotels/andere Unterkünfte

Park Hôtel → S. 83, südöstl. c 1

An der Tangente, die an der Altstadt vorbeiführt, liegt dieses gute Drei-Sterne-Hotel – allerdings mit langweilig moderner Fassade. Eines der besten und teuersten Restaurants der Stadt, **Chapon Fin**, gehört dazu.

18, bd. Jean Bourrat;
Tel. 04 68 35 14 14, Fax 04 68 35 48 18;
www.parkhotel-fr.com; 69 Zimmer
●●● bis ●●●● CREDIT

La Cigale → S. 83, nordöstl. c 1

Das kleine Hotel neben dem historischen Viertel Saint-Jacques ist äußerlich unauffällig, aber hinter den Mauern verbirgt sich eine hübsche grüne Insel. Alle Zimmer sind renoviert. Das Restaurant mit seiner Spezialität »brochette« ist in der ganzen Stadt bekannt.

78, bd. Jean Bourrat; Tel. 04 68 50 20 14,
Fax 04 68 66 90 40; 14 Zimmer ●● MASTER

Sehenswertes

Cathédrale St-Jean → S. 83, c 1

Vom 15. bis zum 17. Jh. entstand das Kirchenschiff von 48 m Länge in mehreren Bauetappen und damit einer der schönsten gotischen Kircheninnenräume im Süden Frankreichs. In einer Seitenkapelle rechts hinter einer Ledertür, in der **Chapelle du Dévot-**

Christ, bewahrt man einen besonderen Schatz auf. Das geradezu expressionistisch gearbeitete Kruzifix aus dem 14. Jh. stammt angeblich aus der Werkstatt eines rheinländischen Künstlers. Es wird anlässlich der Karfreitagsprozessionen durch die Straßen getragen. Nach einer Legende unbekannten Ursprungs neigt sich der Kopf des Schmerzensmannes jedes Jahr ein Stück mehr dem Körper zu. Wenn er ihn berührt, soll angeblich die Welt untergehen. Der Friedhof im Süden der Kathedrale ist einer der ältesten mittelalterlichen Frankreichs (Sommer geschl.).

Place Gambetta; tgl. 9–12 und 15–18.30 Uhr

Palais des Rois de Majorque

→ S. 83, südl. a 4

Der Palast der Könige von Mallorca, im 13. und 14. Jh. errichtet und älteste Königsresidenz Frankreichs, zeigt vor allem im Ehrenhof noch Reste des vergangenen Reichtums wie monumentale Treppen, prächtige doppelstöckige Arkaden oder Rundbögen aus blauem Marmor.

Am schönsten ist der Ostflügel. In den königlichen Gemächern im ersten Stock spürt man jedoch nichts mehr vom früheren Glanz. Erhalten geblieben ist aus den alten Tagen nur mehr ein Kamin.

Rue des Archers; Juni–Sept. tgl. 10–18, Okt.–Mai 9–17 Uhr; Eintritt 4 €

Place de la Loge

→ S. 83, b 1

Hier schlägt das Herz der Altstadt, und hier trifft man sich nach dem Einkaufen. Nur durch einen schmalen Gang getrennt, sitzen auf der einen Seite die Freunde der Schnellverpflegung und gegenüber die anderen, die im Café den Blick auf die Loge de Mer mitbezahlen. 1388 wurde an dieser Stelle das **Consulat de Mer**, eine Art Handelskammer, gegründet und zog mit Börse und Gericht ein. Heute ist im ehemaligen Untergeschoss ein Restaurant untergebracht. Gleich nebenan steht das Rathaus aus dem 14. Jh. Den Innenhof regiert **La Méditerranée**, ein Hauptwerk des aus Banyuls-sur-Mer (→ S. 85) stammenden Bildhauers Aristide Maillol. Der **Palais de la Députation**, ehemaliger Sitz der Provinzabgeordneten, ebenfalls aus dem 14. Jh., fällt durch katalanische Gestaltungselemente und durch das bemerkenswerte Portal auf.

MUSEEN

Le Castillet und Casa Païral

→ S. 83, b 1

Die Festung aus dem 14. Jh., die im Auftrag der Aragonesen als Schutz gegen die Franzosen erbaut wurde, ist zugleich das Tor zur Altstadt von Perpignan. Unter Ludwig XIV. diente es mit seinen dicken, unüberwindbaren Mauern als Gefängnis.

Heute können hier im **Musée Catalan des Arts et Traditions Populaires** auf mehreren Etagen katalanisches Brauchtum besichtigt werden sowie Möbel, Stoffe und Skulpturen. Der Gang hinauf ins oberste Stockwerk lohnt wegen des herrlichen Blickes über Stadt und Land.

Place de Verdun; Mai–Sept. Mi–Mo 10–18.30, sonst 11–17.30 Uhr; Eintritt 4 €, erm. 2 €

MERIAN-Tipp

8 Nordafrikanischer Basar in Perpignan

Rund um die Place du Puig und die Place Cassanyes werden am Samstag- und Sonntagvormittag die Straßen zum nordafrikanischen Basar. Man kann zwischen bunten Stoffen und hübschen Stickereien wählen, in exotischem Gemüse schwelgen oder Schnitzereien bewundern. Das Angebot ist unbeschreiblich. Danach nimmt man im Café Tanger oder im Café Agadir einen Pfefferminztee und sieht gemütlich dem Trubel zu.

→ S. 83, südöstl. c 2

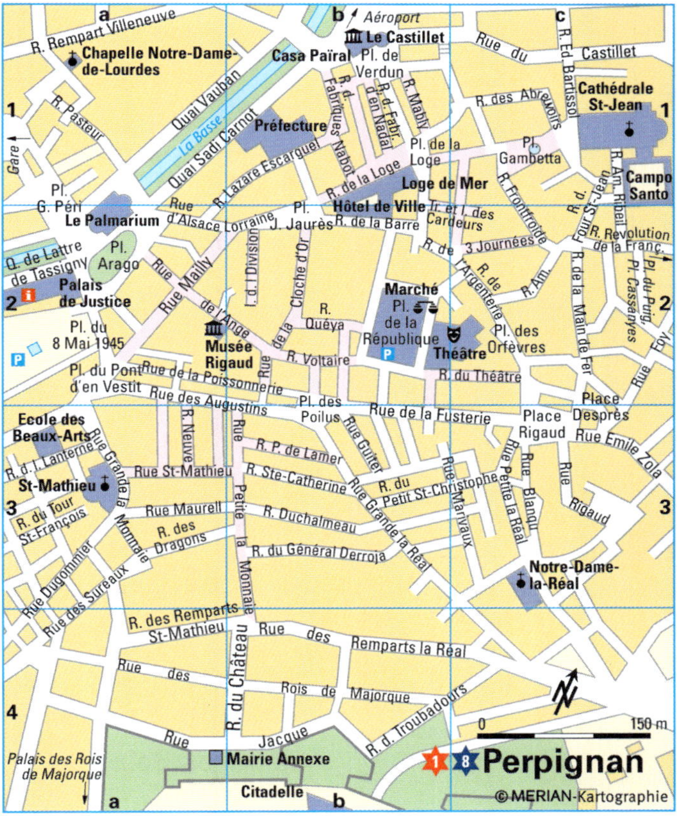

Essen und Trinken

Casa Sansa ⇢ S. 83, b 1

Eine Institution seit 1846, durch und durch katalanisch. Der große Saal mit Stierkampfplakaten an den Wänden ist meist überfüllt von Studenten, Intellektuellen und solchen, die sich dafür halten. Man isst »escalivade« (im Backofen zubereitetes Gemüse), »morue catalane« (Stockfisch) oder »pollastre amb gambas« (Huhn und Gambas in Weinsauce). An manchen Abenden Livemusik.

3, rue des Fabriques d'en Nadal, nahe Castillet; Tel. 04 68 34 21 84; So und Mo mittags geschl. ●●● CREDIT

Les Antiquaires ⇢ S. 83, c 3

Seit mehr als 30 Jahren existiert das renommierte Restaurant in der historischen Altstadt, und Küchenchef Michel Aubaily pflegt eine traditionelle, aber auch raffinierte Küche. Die Tischdecken mit den gestickten Initialen stammen vom Antiquar.

Place Desprès; Tel. 04 68 34 06 58; Di–So 12–14 und 19.30–22 Uhr, So abends und 1.–15. Aug. geschl. ●● bis ●●●

Des Expéditeurs

⇢ S. 83, nordwestl. b 1

Spezialitäten des Hauses sind »tête de veau« (Kalbskopf) und »tripes ca-

Der idyllisch gelegene Markt in Perpignans Altstadt lädt zum Bummeln ein.

talanes« (Innereien). Wem das nicht behagen sollte, dem bleibt die Auswahl zwischen verschiedenen preiswerten Mittags- und Abendmenüs. Freitags wird Bouillabaisse und mittwochs Paella serviert.
19, av. du Général Leclerc, nahe Castillet; Tel. 04 68 35 15 80; Sa abends, So und an Feiertagen geschl. ●

Am Abend
Dancing ABC
⇢ S. 83, südwestl. a 4
Wer hier hingeht, sucht keinen Nachtclub, sondern will wirklich tanzen. Nicht dass man sich nicht auch amüsiert, aber es kommt auf den richtigen Tanz, den präzisen Schritt an. So trifft man hier auf leidenschaftliche Tango-, Walzer- und Paso-doble-Tänzer.
51, rue Mathieu de Dombasle, Richtung Thuir; Tel. 04 68 56 90 60; Fr/Sa ab 22 Uhr, So und Feiertage Tanztee am Nachmittag

Service
Auskunft
Office de Tourisme et des Congrès
⇢ S. 83, nordöstl. c 1
Place Armand Lanoux, im Palais des Congrès, 66002 Perpignan; Tel. 04 68 66 30 30, Fax 04 68 66 30 26; www.perpignantourisme.com

Veranstaltungen
Die Karfreitagsprozession gehört zu den wichtigsten Ereignissen in der Stadt der Katalanen. Ebenfalls in der Karwoche findet das Festival de Musique Sacrée statt. Bei den Estivales im Juli werden Musik und Tanz geboten (www.Estivales.com), Jazzèbre heißt das Jazzfest im Oktober (www.jazzebre.com).

Les Vignerons Catalans
⇢ S. 83, südwestl. a 4
Die berühmtesten Winzer des Roussillon haben sich zu den Vignerons Catalans zusammengeschlossen. Hier kann man die besten Tropfen entdecken.
1870, avenue Julien Panchot; Tel. 04 68 85 04 51

Ziele in der Umgebung

Amélie-les-Bains
3200 Einwohner ⇢ S. 119, D 16

Schon bevor die Römer hier Thermen bauten, sollen die Menschen der Urzeit die Schwefelquellen genutzt haben. Die heutigen Kureinrichtungen in einem der ersten Thermalbäder Frankreichs für Asthma- und Rheumakranke sind jedoch nicht mehr so attraktiv. Eine Pause wert ist das Rentnerstädtchen jedoch wegen seiner gut erhaltenen mittelalterlichen Burg im Ortsteil Palalda. Wanderer machen die schöne, knapp dreistündige Tour von den Gorges du Mondony oberhalb von Amélie-les-Bains über den Fernwanderweg (GR 10) Richtung Spanien zum 1450 m hohen Roc de France.
40 km südwestl. von Perpignan

Banyuls-sur-Mer

4500 Einwohner S. 119, F 16

Ein gerühmter Dessertwein trägt diesen Namen. Der hübsche kleine Badeort mit Yachthafen ist Heimat des Bildhauers Aristide Maillol, der 1861 hier geboren und 1944 im Garten seines Bauernhauses begraben wurde. Dieses 4 km südwestlich im Roume-Tal gelegene Anwesen ist zum **Musée Maillol** hergerichtet.

37 km südl. von Perpignan

Hotels/andere Unterkünfte

Ile de la Lagune

Modern wie mediterran ist diese »Insel« gestaltet. Mit hauseigenem Boot kann man sich in drei Minuten zum Privatstrand bringen lassen oder gleich am Swimmingpool bleiben. Im Restaurant L'Almandin wird feines Seafood serviert.

Boulevard de l'Almandin, Les Capellans, St-Cyprien; Tel. 04 68 21 01 02, Fax 04 68 21 06 28; www.hotel-ile-lagune.com; 22 Suiten ●●● CREDIT

Sehenswertes

Aquarium

Vom ozeanischen Institut der Universität Paris 1885 eingerichtet, ist hier am Fischereihafen eine der wichtigsten meeresbiologischen Einrichtungen Frankreichs entstanden, in der man die Meeresbewohner beobachten kann.

Av. du Fontaule; Tel. 04 68 88 73 39; Sommer tgl. 9–13 und 14–21, Winter 9–12 und 14–18.30 Uhr; Eintritt 4,40 €, erm. 2,20 €

Küstenstraße

Von Banyuls nach Cerbère an der spanischen Grenze führt eine einzigartig schöne Küstenstraße. Am Aussichtspunkt **Cap Réderis** kann man sich an einer Orientierungstafel informieren: Im Norden blickt man über die Küste von Roussillon bis zu den Cevennen und im Süden bis zur Costa Brava. Himmel und Wasser scheinen zwischen Rebhängen und Pyrenäengipfeln zu verschmelzen.

Museen

Musée Maillol

Das Haus des berühmten Bildhauers ist zu seinem Museum mit Skulpturen, Skizzen und Gemälden geworden.

Vallée de la Roume; Tel. 04 68 88 57 11; Mo–Do 8.30–12 und 13.30–17.30 Uhr (Fr bis 17 Uhr); Eintritt 3,50 €, erm. 2,50 €

Service

Auskunft

Office de Tourisme

Avenue de la République, 66650 Banyuls-sur-Mer; Tel. 04 68 88 31 58, Fax 04 68 88 36 84; www.banyuls-sur-mer.com

Canigou

S. 118, C 16

Da hatte man ihn jahrhundertelang gefeiert, weil man ihn für den Größten hielt – und er war es gar nicht, denn die höchste Erhebung in den Pyrenäen ist der in Spanien liegende Pico de Aneto mit 3404 m.

Auf dem (nur) 2784 m hohen Canigou entzünden französische und spanische Katalanen jedes Jahr in der Nacht zum 24. Juni pünktlich um 22 Uhr auf dem Gipfel das Johannisfeuer. Viele Legenden ranken sich um diesen Berg, den vermutlich Peter III. von Aragón als Erster bestiegen hat.

Zufahrt: von Prades über die D 24 über Villerach bis zum Ras dels Cortalets, nur im Sommer bei trockener Strecke oder mit Geländewagen, 25 km, ca. 2 Stunden. Von Vernet-les-Bains über Fillols nur für erfahrene Fahrer mit Geländewagen möglich.

Wanderer (Juni–Sept.) gehen vom Chalet des Cortalets den GR 10 bis zum Pic Joffre (2362 m) und biegen links den steilen Weg (gelb markiert) zum Gipfel des Canigou ab, den sie nach ca. 2 Stunden erreichen.

46 km südwestl. von Perpignan

La Cerdagne

S. 118, A 16

Dieses Hochtal, seit 2004 unter Naturschutz, bietet ein einzigartiges Panorama unter den Pyrenäengipfeln mit Almen und weiten Wäldern, in denen Füchse, Schneehühner und Auerhähne leben. Es zieht Wanderer und Skiläufer an. In der Cerdagne liegt auch das von Ludwig XIV. als Garnison erbaute **Mont-Louis**, mit 1600 m die höchstgelegene Stadt Frankreichs. 1953 entstand hier der erste Sonnenofen.

81 km südwestl. von Perpignan

Céret

S. 119, D 16

7300 Einwohner

Illustre Namen sind mit diesem hübschen, lebhaften Städtchen, das nur 20 km von der spanischen Grenze entfernt liegt, verbunden: Braque, Juan Gris, Cocteau, Matisse, Chagall, Dufy, Soutine. Picasso versammelte all diese Künstler hier, im Mekka des Kubismus. Unglaublich, wie viele Platanen und Bistrostühle in der kleinen Altstadt Platz finden. Auf über 310 Sonnentage – die meisten sind von kühlendem Wind begleitet – freuen sich die Einwohner und darauf, dass hier Ende April/Anfang Mai die ersten Kirschen geerntet werden.

33 km südöstl. von Perpignan

MERIAN-Tipp

9 Musée d'Art Moderne in Céret

Ein riesiges Museum in einer kleinen Stadt. Pierre Brune, in Céret ansässiger Maler, baute zu diesem Zweck 1948 ein altes Kloster nach den Plänen des Architekten Jaume Frexa aus Barcelona um. Es zu bestücken war mithilfe seiner Künstlerfreunde ganz einfach. Das größte Geschenk machte ihm **Picasso** 1953 mit 59 seiner Werke.

8, bd. du Maréchal Joffre; Tel. 04 68 87 27 76; www.musee-ceret.com; Mitte Juni–Mitte Sept. tgl. 10–19, sonst bis 18 Uhr, Di geschl.; Eintritt 5,50 €, erm. 3,50 €

Hotels/andere Unterkünfte

Le Mas Trilles

Ein riesiger, renovierter katalanischer Bauernhof aus dem 17. Jh. mit ganz unterschiedlichen, unglaublich luxuriös ausgestatteten Zimmern. Malerisch am Ufer eines Flusses in einem Park mit Schwimmbad gelegen.

Auf der D 115 3 km in Richtung Amélie-les-Bains, am Ortsende, Le Pont-de-Reynès; Tel. 04 68 87 38 37, Fax 04 68 87 42 62; www.le-mas-trilles.com; 10 Zimmer ●●●● MASTER VISA

La Terrasse au Soleil

Vier Gebäude zwischen Bergen und Meer, einst Wohnsitz des Chansonniers Charles Trenet, beherbergen in unterschiedlichen Zimmern die Sommergäste und verwöhnen sie mit Swimmingpool, Tennisplatz und Massagen. Unbezahlbar: der Panoramablick zum Canigou.

Route de Fontfrède; Tel. 04 68 87 01 94, Fax 04 68 87 39 24; www.terrasse-au-soleil.com; 39 Zimmer ●●● AmEx MASTER VISA

Vidal

Die ehemalige, zum Hotel umgestaltete Bischofsresidenz hat ihren altertümlichen Charme erhalten.

4, place du 4 Septembre, im Zentrum; Tel. 04 68 87 00 85; www.hotelvidalceret.com; 15. Okt.–15. Nov. geschl., lange Voranmeldung notwendig; 10 Zimmer ● MASTER VISA

Sehenswertes

Pont du Diable

Lange Zeit war Céret nur über diesen geheimnisvollen Eingang zugänglich, den man von Perpignan aus erreicht. Ein einziger Bogen überspannt mit

Den Gipfel des Canigou (→ S. 85) kann man zu Fuß oder auch motorisiert erreichen.

45 m den Tech. Da das architektonische Rätsel nicht gelüftet werden konnte, war klar, dass der Teufel selbst die Brücke gebaut haben musste.

Einkaufen

Marché

Jeden Samstagvormittag findet in der Altstadt ein Markt mit großem Angebot an allen möglichen Erzeugnissen aus der Region statt.

Bd. du Maréchal Joffre

Service

Auskunft

Office du Tourisme

Av. Clemenceau, 66400 Céret; Tel. 04 68 87 00 53, Fax 04 68 87 00 56; www.ot-ceret.fr

Veranstaltungen

Festival de la Sardane

Katalanischer Tanz.

Ende Juli

Collioure

→ S. 119, F 16

2800 Einwohner

Henri Matisse quartierte sich hier im Sommer 1905 unter dem blauen Himmel des Mittelmeeres ein. Ihm folgten André Derain und Maurice de Vlaminck. Auch Picasso arbeitete in Collioure. Ein Kritiker fühlte sich angesichts des hier entstandenen eigenwilligen künstlerischen Schaffens an Wilde erinnert – »des fauves«. Heute bietet der Ort seinen Besuchern einen »chemin du fauvisme« in 20 Etappen an, wo Kunstwerke von Matisse und Derain zu bewundern sind.

Ihre Nachfolger ziehen heute jeden Morgen zu Dutzenden mit der Staffelei an die Uferpromenade und malen, was der Pinsel hält und in der Regel so, dass die Touristen nicht erschrecken, höchstens über die hohen Preise dieser Kunst.

Die Beschaulichkeit von vor wenigen Jahren ist verschwunden. Die Zahl der Unterkünfte und Restaurants und der Besucher hat in den vergangenen Jahren deutlich zugenommen, und doch lässt sich der alte Charme des Städtchens immer noch entdecken.

30 km südl. von Perpignan

Hotels/andere Unterkünfte

Hôtel des Templiers

Alle Maler haben hier gewohnt, beim Père Pous und seiner Frau Pauline, und er hat sich Unterkunft und Verpflegung gerne mit Kunstwerken bezahlen lassen. Mehr als 2000 sollen

Port-Vendres ist einer der charakteristischen Fischerorte an der Côte Vermeille.

es sein – Matisse natürlich, Picasso, Dufy, Dalí, Maillol –, die jedes freie Stück Wand zieren, unmöglich nachzuzählen. Manches wertvolle Stück wurde gestohlen, vieles soll nur noch Reproduktion sein. Die Zimmer sind hübsch, ein bisschen laut vielleicht. Ohne Reservierung ist es aber fast aussichtslos, eines zu bekommen.
12, quai de l'Amirauté;
Tel. 04 68 98 31 10, Fax 04 68 98 01 24;
www.hotel-templiers.com; 25 Zimmer
● bis ●● CREDIT

SEHENSWERTES

Château Royal des Templiers
Mehr als 700 Jahre alt ist der ehemalige Sitz der Könige von Mallorca und Aragón, den später der Templerorden bezog. Heute finden hier Ausstellungen statt.
Tel. 04 68 82 06 43; Juni–Sept. 10–17.15, Okt.–Mai 9–16.15 Uhr; Eintritt 4 €, erm. 3 €

Notre-Dame-des-Anges
Der alte Leuchtturm wurde zum Glockenturm und ist das Wahrzeichen Collioures. Im Inneren der Kirche aus dem 17. Jh. kann man neun reich ausgestattete Altäre bewundern, ein grandioses Triptychon aus vergoldetem Holz und den Kirchenschatz in der Sakristei mit einem Prozessionskreuz aus dem 16. Jh.
Tgl. 9–12 und 14–18 Uhr

EINKAUFEN

Ets. Roque
Anchovis gehören zu den beliebten Vorspeisen der Region. Hier werden sie in Handarbeit filetiert und eingelegt. Man kann zusehen, sie kaufen und Rezepte mitnehmen.
17, route d'Argelès; tgl. 8–12 und 14–19 Uhr

SERVICE

Auskunft
Office du Tourisme
Place du 18 Juin, 66190 Collioure;
Tel. 04 68 82 15 47, Fax 04 68 82 46 29;
www.collioure.com

Côte Vermeille

→ S. 119, F 15/16

Die **Côte Sablonneuse** mit ihrem etwa 30 km langen, feinkörnigen breiten Sandstreifen setzt die Reihe der schattenlosen Strände am nördlich gelegenen **Golfe du Lion** fort. In dem ehemaligen Sumpfgebiet zwischen Le Barcarès und Saint-Cyprien entstanden in den 60er-Jahren Ferienorte aus der Retorte.

Kurz hinter Racou-Plage unterbrechen Pyrenäenausläufer die 200 km lange und flache Mittelmeerküste.
28 km östl. von Perpignan

Font-Romeu/Odeillo

1850 Einwohner → S. 118, A 16
(Font-Romeu und Odeillo)

Skiurlauber geraten angesichts der noch unzerstörten Landschaft ins Schwärmen. Um den Wintersportort Font-Romeu herum sind immerhin 32 Skilifte, 460 Schneekanonen, 40 Pisten und 52 km Skiabfahrten eingerichtet. Der Schönheit des 1800 m hoch gelegenen Ortes hat die Hotel-Bauwut nicht gut getan (www.fontromeu.com).

Beim 2 km entfernten Odeillo werden seit 1968 mit einem 40 m hohen Parabolspiegel Sonnenstrahlen gebündelt. Das ist ein schönes Fotomotiv, besonders wenn sich dunkle Wolken nähern (www.imp.cnrs.fr; tgl. 10–12 und 14–17.15 Uhr; Eintritt 5 €, erm. 3,50 €).

91 km (Font-Romeu) bzw. 89 km (Odeillo) südwestl. von Perpignan

Prades

→ S. 118, C 15

6000 Einwohner

Eine stille Stadt – so lange, bis die Besucher der katalanischen Sommeruniversität in der zweiten Augusthälfte, des Cineastentreffens in der zweiten Julihälfte und des Pablo-Casals-Festivals von Ende Juli bis Mitte August zu tausenden in den Ort strömen. Auf der Flucht vor Franco hatte es den bekannten Cellisten und Menschenrechtskämpfer Casals hierher verschlagen. 1950 initiierte er das Musikfestival, zu dem jedes Jahr namhafte Solisten und Ensembles eintreffen. Die Konzerte finden in der 3 km entfernten **Abtei St-Michel-de-Cuxa** statt. Das **Musée Pau Casals** (tgl. 9–12 und 14–17 Uhr, Winter Mo–Fr) hält die Erinnerung an den 1973 verstorbenen Künstler wach.

46 km westl. von Perpignan

Hotels/andere Unterkünfte

Castell Rose

In einer Nichtraucher-Burg aus rosa Marmor wohnt man in schönen, stilsicher eingerichteten »chambres d'hôtes« in einem 2,5 ha großen Park mit Tennisplatz und Swimmingpool, Terrasse mit Bar und Picknickecke oder im Ferienhaus, wenige Minuten Fußweg vom Zentrum entfernt. Teilnahme beim Essen an der »table d'hôte« möglich.

Chemin de la Litera; Tel./Fax 04 68 96 07 57; www.castellrose-prades.com; 6 Zimmer ●● bis ●●●

Service

Auskunft

Office du Tourisme

4, rue des Marchands, 66500 Prades; Tel. 04 68 05 41 02, Fax 04 68 05 21 79; www.prades-tourisme.com

Salses

→ S. 119, E 14

2000 Einwohner

Nördlich von Perpignan liegt mit der **Forteresse de Sales** ein Meisterwerk militärischer Architektur. Bis 1659, als der Pyrenäenvertrag geschlossen wurde, verlief hier die spanische Grenze. Zusammen mit der Festung, die Ferdinand von Aragón 1497 errichten ließ, diente sie als Bollwerk gegen die Franzosen. Die am Fuße 15 m breiten Mauern erwiesen sich als uneinnehmbar und letztlich auch unzerstörbar.

Juni–Sept. 9.30–19, Okt.–Mai 10–12.15 und 14–17 Uhr; Eintritt 6,50 €, erm. 4,50 €

16 km nördl. von Perpignan

MERIAN-Tipp

10 Train Jaune

Mehrmals täglich fährt von Villefranche-de-Conflent aus der Train Jaune, eine Schmalspurbahn, die 63 km lange Strecke nach Latour-de-Carol. Die Fahrt geht zweieinhalb Stunden lang durch 19 Tunnel und über zwei spektakuläre Brücken. Die kanariengelbe Farbe verlieh dem Zug seinen Namen. Wer an einer der 22 Stationen aussteigen möchte, muss dem Schaffner vorher Bescheid geben. Die Hin- und Rückfahrt kostet etwa 25 €.

Tel. 04 68 96 56 62; www.traintouristiques-ter.com/train_jaune → S. 118, B 16

Routen und Touren

Die Franzosen sind zwar begeisterte Radsportanhänger, aber die Betonung liegt auf Sport, und Fahrradwege gibt es nur selten, in Städten gar nicht.

Ob mit dem Fahrrad auf den schattigen Alleen, per Schlauchboot auf den Flüssen oder einfach zu Fuß im Languedoc-Roussillon – die Region hat für jeden genug zu bieten.

Rund um Nîmes und durch die Kleine Camargue – Mittelalter und Mittelmeer

Charakteristik: genussreiche Autotour durch ein bis heute lebendiges Geschichtsbuch, im Sommer vom Zirpen der Grillen begleitet; **Länge:** ca. 150 km; **Dauer:** 1 Tag; **Einkehrmöglichkeiten:** in jedem Ort Cafés und Restaurants; **Karte:** → S. 117, E 9

Man verlässt Nîmes Richtung Norden – Uzès ist am großen Boulevard, der die Altstadt umgibt, zwischen Bahnhof und Kathedrale ausgeschildert. Man fährt durch die Garrigue, eine Heidelandschaft, in der es nach Thymian und Rosmarin duftet.

Uzès → Pont du Gard

Der mittelalterliche Ort **Uzès** scheint überhaupt nicht kleinstädtisch, lassen Sie ihn auf der Place aux Herbes auf sich wirken: Von schmucken Arkaden umsäumt, hinter denen sich Restaurants und Geschäfte verbergen, ist sie eine ideale Filmkulisse und war als solche unter anderem auch in »Cyrano de Bergerac« zu bewundern. Am Sonnabend ist hier Markt, auf dem sich die ganze Umgebung zu treffen scheint. Beim Bummel durch die Altstadt sieht man die Zeugen des einst wohlhabenden Textilzentrums: zahlreiche schöne Renaissance-Fassaden und idyllische Höfe.

Auf dem Weg zum **Pont du Gard** empfiehlt es sich, über **Remoulins** zu fahren. Einen Monat früher als anderswo gibt es hier schon die ersten Kirschen. Und man sieht auch gleich die Schokoladenseite des weltberühmten **Aquädukts,** den die Römer vor 2000 Jahren bauten, um mit einer technisch aufwendigen Wasserleitung das kostbare Nass von Uzès nach Nîmes zu bringen. Es gibt keine kostenlose Parkmöglichkeit, wenn man allerdings die wirklich interessanten Ausstellungen besuchen will, ist das Parken im Preis inbegriffen. Sehr zu empfehlen sind auch ein Picknick am Ufer des Gardon oder ein Bad in diesem bemerkenswert kühlen und klaren Fluss. Wer mit Kindern unterwegs ist, wird

4

Typisch: Von Platanen gesäumte Alleen sind im südlichen Frankreich keine Seltenheit.

hier wohl die weitere Tagesplanung beenden.

Beaucaire ⇢ Aigues-Mortes

Auf der D 986 fahren Sie nach **Beaucaire**. Eine mächtige **Burg** an der Rhône, die früher das Flussufer gesichert hat, überragt die Stadt. Nach den Religionskriegen hat Ludwig XIII. sie 1632 schleifen lassen, geblieben sind einige Mauern und der Turm, von dem man über Stadt, Land und Fluss sehen kann. Im Sommer wird es im Park wieder mittelalterlich, dann werden nachmittags Raubvögel gezeigt. Gegenüber, auf der anderen Seite der Rhône, wacht die Burg von **Tarascon**.

Die Strecke nach Saint-Gilles über die D 38 ist nicht sehr abwechslungsreich, aber für alle, die ein bisschen kunsthistorisch interessiert sind, lohnt der Weg zu einem der wertvollsten romanischen Baudenkmäler Frankreichs. Als gesichert gilt, dass der Ort von Pilgern auf dem Jakobsweg nach Santiago de Compostela in Galicien zum Übernachten genutzt wurde. Es heißt aber auch, dass er wegen des in der Nähe lebenden Heiligen Gilles selbst Wallfahrtsort gewesen ist. Heute ist **Saint-Gilles** eine verschlafene Kleinstadt, von der im Mittelalter mächtigen Abtei steht nur noch die Kirche mit der reich geschmückten Westfassade aus dem 12. Jh. Bibelkundige werden keine Mühe haben, in Skulpturen und Reliefs Geschichten zu erkennen: Gleich links neben dem Hauptportal sind Kain und Abel und der Brudermord dargestellt, über dem Portal Fußwaschung und Abendmahl, über dem rechten Portal die Kreuzigung.

Über die N 572 geht es weiter durch die Kleine Camargue Richtung Vauvert und **Aigues-Mortes**. Kaum weiße Pferde, rosa Flamingos oder wilde Stiere, die findet man eher in der provenzalischen Camargue südlich von Arles und um Saintes-Maries-de-la-Mer. Um Vauvert fährt man an Weinfeldern vorbei, als Costières de

Der Pont du Gard (→ S. 50): ein Meisterwerk römischer Ingenieurskunst.

Nîmes werden diese Gewächse serviert. Und dann erhebt sich die Stadtmauer von Aigues-Mortes hoch und abweisend aus flachem Land. Ludwig der Heilige (der IX.) hatte im 13. Jh. hier einen Stützpunkt für seine Kreuzzüge ins Heilige Land geschaffen. Man parkt an der Stadtmauer und geht hinein. Der Markt in der Mitte ist von Cafés und Restaurants umrundet, Musiker spielen am Brunnen. Wer sich zur Besichtigung des knapp 40 m hohen Turmes (Tour de Constance) entschließt, der nicht nur für Hugenotten Gefängnis war, sollte nicht versäumen, das Städtchen auf dem Wehrgang zu umrunden: Man sieht die Salinen am Rhônekanal im Süden und bei klarem Himmel bis zu den Cevennen nach Norden. Wer genug gesehen hat, fährt kurz hinter Aimargues auf die N 113 zurück nach Nîmes. Aber 7 km weiter lockt das Mittelmeer in **Le Grau-du-Roi**.

Durchs Katharerland – Bezaubernde Landschaft mit grausiger Vergangenheit

Charakteristik: schöne Autofahrt auf schmalen Straßen, daher für Wohnmobile nicht geeignet; wer die sehenswerten Burgen am Weg erklimmen will, sollte feste Schuhe dabeihaben; **Länge:** ca. 180 km; **Dauer:** mindestens 1 Tag; **Einkehrmöglichkeiten:** in Cucugnan und Duilhac-sous-Peyrepertuse; **Karte:** → S. 119, E 14

Ein Prunkstück der Militärarchitektur des späten 15. Jahrhunderts ist die trutzige Forteresse de Salses (→ S. 89).

Nördlich von Perpignan, an der ehemaligen spanischen Grenze, an der **Forteresse de Salses**, beginnt die Rundfahrt. 1497 hatten die Spanier diese Festung errichtet, weil sie die ewigen Grenzverletzungen der Franzosen leid waren. Das stolze Bauwerk lag zunächst am Meer. Schon hundert Jahre später allerdings stand die Burg auf trockenem Sand und war für die Franzosen leicht umgehbar.

In der Höhle **Caune de l'Arago** wurde 1971 der älteste bis dahin bekannte Menschenschädel in Europa gefunden. In Tautavel kann man das 450 000 Jahre alte Fragment besichtigen. Eine 3-D-Präsentation führt in das Leben eines urgeschichtlichen Jägers.

Durch das Weinanbaugebiet des Fitou gelangt man auf der D 12 zu den Ruinen des **Château d'Aguilar**. In zehn Minuten ist man hinaufgeklettert und fühlt sich wie ein Adler. Heftig umkämpfte und kaum zugängliche Gebiete lagen auf dem Weg zur ehemaligen Grenzbastion **Château de Padern** und zum hübschen **Cucugnan** (D 14). Da sieht man schon eine weitere Burgruine, das **Château de Quéribus**. Der 728 m hoch gelegene Beobachtungsposten aus dem 11. Jh. ist schon mühsamer zu erklimmen.

Die größte und abenteuerlichste Festung ist das **Château de Peyrepertuse**. Erst während der Französischen Revolution wurde die Befestigung gestürmt. Zuerst sieht man sie gar nicht, hält den Kalkstein für 8
bizarr gewachsenen Fels und macht erst im Näherkommen eine Ruine aus. Sie nimmt mit 300 m fast den ganzen Bergrücken ein. Vom Parkplatz in Duilhac muss man in einer guten Viertelstunde ein Wäldchen durchqueren, bevor man das Plateau erreicht – und zwei Festungen mit einer traumhaften Aussicht vorfindet. Durch die Gorges de Galamus verlässt man das Languedoc und kommt ins Roussillon. Eine bewirtschaftete Einsiedelei aus dem 15. Jh., die **Ermitage de St-Antoine**, ist über einige Stufen zu Fuß zu erreichen. Durch das Weinland fährt man weiter nach Estagel und von dort auf der D 117 zurück in Richtung Perpignan.

Am Ufer des Tarn – Auf Tuchfühlung mit den grandiosen Gorges

Charakteristik: abwechslungsreiche Tour für geübte Wanderer; einmalig, weil das Flussufer zum Teil nur zu Fuß erreichbar ist; **Länge:** 18 km; **Dauer:** 5 Stunden; **Einkehrmöglichkeiten:** keine, in Saint-Chély-du-Tarn kann man Getränke und Lebensmittel kaufen; **Karte:** → S. 112

Schmal, steinig, schön und einsam ist der Fußweg, der am Ufer des Tarn auf- und abwärts führt. Die **Gorges du Tarn** stellen eine der größten touristischen Attraktionen in der Gegend dar. Wer am Rand der Causses an dieser Schlucht entlangfährt, passiert Stellen mit wunderschönen Ausblicken. Wer ihr näher kommen will, ohne sich den im Sommer eher gemächlichen Fluss mit vielen anderen Kanu- oder Kajakfahrern zu teilen, wandert am Flussufer entlang. Der Rundwanderweg überwindet Höhenunterschiede von etwa 500 m, führt über den **Causse Méjean** und dann über gelegentlich abschüssige Pfade hinunter ins Tal. Der Causse Méjean ist ein immenses Kalkplateau, das bizarr geformte Felsen auf 120 km vom Rest des Départements abschneiden, eine Karstlandschaft mit unzähligen Höhlen und Grotten.

Ausgangspunkt ist **Saint-Chély-du-Tarn** auf der rechten östlichen Seite des Flusses, 6 km südlich von **Sainte-Enimie**. Saint-Chély-du-Tarn, das sich an eine Biegung des Flusses wie in eine Nische schmiegt, ist ein Schmuckstück. Restaurierte Häuser, eine ländliche Kirche mit eckigem Glockenturm, ein kleines Gasthaus, Wasserfälle – die reinste Postkartenidylle. In einer alten Mühle gibt es sogar ein Andenkengeschäft, und Spaziergänger können eine bescheidene romanische Kapelle entdecken: eine versteckte Höhle im Felsen. Das Auto kann man in Saint-Chély-du-Tarn auf dem Parkplatz abstellen. Man durchquert den Ort aufwärts, kommt hinter dem Ortsausgang nach einer Kehrtwende gleich zu einer Gabelung und geht hier links. Nach einer weiteren Kehre steigt der Weg weiter an. Und schon kann man in die Schlucht und nach Saint-Chély hinuntersehen. Am **Col de Cauperlac** überschreitet man die Straße und befindet sich auf dem Causse Méjean.

Der Weg führt nun in Richtung **Mas-Saint-Chély** und etwa 100 m weiter nach rechts, wo es nach **Caussignac** geht. Über **Anilhac** wandert man hinunter zum Weiler Castellos mit seinen schönen Häusern und einer Burgruine, dann zum Weiler Haute-Rives. Es geht nun immer auf- und abwärts am Fluss entlang. Bei der Gabelung, an der die Wanderung begann, muss man sich nach links wenden und hat dann auch bald wieder **Saint-Chély-du-Tarn** erreicht.

Blick auf Montbrun, eines der idyllisch gelegenen Dörfer an den Gorges du Tarn.

10 Auf dem Canal du Midi – Beschauliches Schippern mit dem Hausboot

Charakteristik: bequeme Bootsfahrt, kein Führerschein erforderlich; Verpflegung mitnehmen oder in den Orten am Ufer einkaufen; **Länge:** ca. 120 km; **Dauer:** von Carcassonne bis Béziers eine Woche; **Einkehrmöglichkeiten:** in jedem Ort mit Hafen; **Karte:** → S. 114, B 8–S. 115, A 12

Das Ergebnis einer Vision ist hier zu erleben und zu befahren: Pierre-Paul Riquet (1604–1680) wollte den Atlantik mit dem Mittelmeer verbinden, einen »canal de deux mers« bauen. Eine 240 km lange Wasserstraße von Toulouse nach Sète sollte den Seeweg durch die Straße von Gibraltar ersetzen. Ludwig XIV. sah die Gelegenheit, seinen Ruhm zu mehren, und so konnte das kühnste Projekt jener Zeit in Angriff genommen werden. Im April 1666 begann man mit dem Bau, 15 Jahre später wurde der Kanal eröffnet. Dem König hatte es zu lange gedauert, und teuer wurde es auch, so dass der unverdrossene Riquet sein Privatvermögen investieren musste. Er starb, hoch verschuldet, sieben Monate vor der Einweihung seines Werks. Der im Lauf der Jahrhunderte unbedeutend gewordene Kanal hat seine Renaissance erst vor gut 20 Jahren mit dem Tourismus erfahren.

»Pénichettes« nennt man die Hausboote, mit denen man in Frankreich ohne Bootsführerschein den Canal du Midi von **Carcassonne** bis zum **Mittelmeer** oder umgekehrt befahren darf (Abbiegen in den Hérault ist nicht gestattet). Erlaubte Geschwindigkeit: 6 km/h. Keine Welle soll die Uferböschung unterspülen. Zahlreiche Unternehmen bieten zwei- bis zehntägige Fahrten zwischen **Trèbes** nahe Carcassonne und **Marseillan** am Mittelmeer an. Die meisten Ansiedlungen, an denen man festmacht, sind ruhige Dörfer mit Märkten zum Einkaufen, oft preiswerten Gaststätten und Übernachtungsmöglichkeiten. Mückenschutz nicht vergessen!

So alt wie der Kanal sind die Platanen – 100 000 sollen es sein –, die über ihm zu einem Dach zusammenwachsen, das die Sonne filtert und unter dem die Mücken tanzen. Zu erwarten sind 64 Schleusen, 55 Aquädukte, sieben Kanalbrücken und 126 Bogenbrücken. Sie waren notwendig, um Höhenunterschiede auszugleichen oder Hindernisse zu überbrücken. Das größte Problem aber, das Riquet meisterte, war, den immer gleichen Wasserstand das ganze Jahr über zu gewährleisten. Kräftige Rösser zogen in früheren Zeiten schwer mit Weizen und Wein beladene Lastkähne den Kanal hinauf. Treideln nennt man das, und heute nutzen Radfahrer und Jogger die alten Treidelpfade. Riquet zapfte an der Wasserscheide zwischen Mittelmeer und Atlantik in der Montagne Noire eine Quelle an und ließ zwei Talsperren anlegen, in Saint-Ferréol und Lampy; dadurch stand immer ausreichend Wasser zur Verfügung. Kanalfahrer heute müssen sich nur an den Schleusen Gedanken machen. Oft warten jedoch Schleusenwärter auf die Boote. Wo dies nicht der Fall ist, erfährt die Bootsbesatzung schnell, dass das Kurbeln ganz schön in die Knochen geht. Die Frauen und Männer an den Schleusen verkaufen Proviant und manches Kunsthandwerk.

Trèbes → Homps

Gemächlich tuckert man von **Trèbes** in Richtung **Marseillan**. Das Auto steht auf einem bewachten Parkplatz, Fahrräder nimmt man mit. Dienstags und freitags lohnt es sich, hinter der Schleuse von **Aiguille** festzumachen und den Markt von **Puichéric** zu besuchen. **Homps** mit seinen vielen Bootsverleihern scheint mehr Hafen als Ort zu sein. Das dortige Restaurant **Les Tonneliers** ist beliebter Treffpunkt bei Kanalurlaubern.

Argens ⇢ Capestang

Hinter **Argens** wird es noch ruhiger. 54 km ohne Schleusen liegen in einer Bilderbuchlandschaft an den Weinbergen der **Corbières** und an Dörfern vorbei durch die **Garrigue.** Kein Trinkwasser gibt es in **Roubia,** weshalb man vorsorgen sollte. Danach erreicht man **Le Somail,** ein hübsches Fleckchen mit einem besonderen Antiquariat: Bei Le Trouve-Tout du Livre liegen etwa 30 000 Bücher wohl sortiert in einer Halle. Auch ein Hutmuseum gibt es hier.

Bei dem mittelalterlichen Dörfchen **Mirepeisset** muss man sich entscheiden, ob man über die Descente de la Robine nach **Narbonne** fahren will. Der Canal du Midi führt weiter in Richtung **Capestang.** In Capestang kann man wieder Wasser nachfüllen und an einem Sonntagvormittag oder mittwochs auch auf dem Markt einkaufen. Eine riesige Kirche mit 44 m hohem Glockenturm steht im Dorf, und das Kirchenschiff mit 26,7 m Höhe ist ebenso imposant. Wer Lust hat, sich etwas zu bewegen, kann von Capestang mit dem Fahrrad auf dem Treidelpfad nach Béziers fahren. 19 kurzweilige Kilometer führen an der Schleuse von Fonséranes vorbei, und auf den Hügeln von Ensérune kann man ein keltisches Oppidum besichtigen, das schon im 1. Jh. n. Chr. verlassen war; Ausgrabungen sind in einem Museum ausgestellt. Gleich hinter dem Hügel verschwindet der Canal du Midi in dem 173 m langen Malpas-Tunnel, dem ersten unterirdischen Schiffstunnel der Welt.

An der **Domaine de Guéry,** einem 400 Jahre alten Weingut, lockt ein eigener Ankerplatz potenzielle Kunden. Zugegeben, die nächste Möglichkeit in **Poilhes** ist viel schwieriger.

Béziers ⇢ Marseillan

Die Schleusen von **Fonséranes** vor **Béziers** muss man bis 15 Uhr hinter sich haben. Béziers ehrt seinen berühmtesten Sohn mit den Allées Paul Riquet und einer Bronzestatue. Nach dem **Pont de Cayuls** kann man bei einer Fischzucht Forellen angeln oder Krebse kaufen. Wasser gibt es hier kostenlos. Durch eine kreisförmige Schleuse gelangt man dann nach **Agde.** Die Sperrschleuse in **Prades** ist in der Regel offen. Wenn nicht, muss man selbst an der Kurbel drehen. In **Bagnas** gibt es nur eine Schleuse. Danach befindet man sich zwischen den Strandseen von Bagnas und **Thau** (auf die gekennzeichneten Austernbänke achten!) auf den letzten Kilometern nach Marseillan.

Für die Bootsfahrt auf dem Canal du Midi braucht man keinen Führerschein.

Wissenswertes über das Languedoc-Roussillon

Weidende Schafherden prägen schon seit Jahrhunderten das Landschaftsbild im Languedoc-Roussillon zwischen Cevennen und Pyrenäen.

Wichtige Informationen auf neuestem Stand helfen bei der Reiseplanung. Dazu gibt es einen geschichtlichen Überblick sowie Sprachführer, Essdolmetscher und Entfernungstabelle.

Jahreszahlen und Fakten im Überblick

Vor 2 Mio. Jahren
Der Homo erectus wandert in den nördlichen Mittelmeerraum ein.

20 000–12 000 v. Chr.
Die Höhlenmalereien an Ardèche und Garonne entstehen.

560 v. Chr.
Die Griechen gründen Agathé (Agde).

5./4. Jh. v. Chr.
Verzierte Töpfereien werden hergestellt. Die Gallier, ein kriegerisches Reitervolk, besetzen das Gebiet.

3. Jh. v. Chr.
Dolmen und Menhire kennzeichnen Grabstätten. Spuren griechischer und iberischer Siedler.

218 v. Chr.
Hannibal durchquert die Region auf dem Weg von Spanien nach Rom.

118 v. Chr.
Die Römer gründen Narbonne und erbauen die Via Domitia von Beaucaire nach Le Perthus.

58–52 v. Chr.
Gaius Julius Caesar erobert das freie Gallien.

27 v. Chr.
Augustus ergreift die Macht und baut Narbonne, Béziers und Nîmes aus.

719
Araber erobern Narbonne.

778
Karl der Große will Spanien dem Christenreich einverleiben, muss jedoch eine Niederlage hinnehmen. Erst Wilhelm Kurznase gelingt es 803, das Reich der Karolinger bis Katalonien auszudehnen.

1172
Berenguer erbt das Languedoc, das zum Nachbarn Roussillon enge wirtschaftliche Beziehungen pflegt.

1209
In Béziers töten Kreuzzügler 15 000 Katharer.

1258
Jakob I. von Aragón tritt die Gebiete nördlich der Corbières an Ludwig IX. ab, welcher im Gegenzug auf Katalonien und das Roussillon verzichtet.

1559
Die Religionskriege gehen zu Ende. Das östliche Languedoc tritt zum Calvinismus über.

1567
Massacre de la Michelinade: In Nîmes werden 200 katholische Geistliche umgebracht.

1598
Das Edikt von Nantes gewährt Glaubensfreiheit.

1622
Ludwig XIV. macht Montpellier zum Verwaltungszentrum des Languedoc.

1659
Mit dem Pyrenäenvertrag erhält Frankreich das Roussillon zurück.

1666
Der Bau des Canal du Midi beginnt.

1685
Ludwig XIV. hebt das Edikt von Nantes auf. Die Hugenotten flüchten daraufhin ins Ausland. Der Kamisardenaufstand, der seinen Namen den Hemden der Calvinisten verdankt, hält die Elitetruppen des Königs zwei Jahre lang in Schach.

1787
Ein Toleranzedikt beendet die Verfolgung der Hugenotten.

1789
Revolution auch im Süden. Die calvinistischen Protestanten schließen sich der Revolution an, während die Katholiken königstreu bleiben.

1790
Die Provinzen werden in etwa gleich große Départements aufgeteilt. Aus Roussillon wird das Département Pyrénées-Orientales. Das Languedoc teilt man in neun Départements.

1799
Napoleon I. setzt zur Festigung seiner Macht Bürgermeister ein. Die regionale Autonomie verschwindet.

1839
Von Montpellier nach Sète wird die erste Eisenbahnlinie im Süden Frankreichs gebaut.

1882
Die allgemeine Schulpflicht wird eingeführt und Französisch verbindliche Unterrichtssprache. Der Gebrauch der örtlichen Dialekte wird verboten.

1907
Aufstand der Winzer. Importe aus der Kolonie Algerien und Überproduktion drohen die Weinbauern brotlos zu machen.

1940
Die deutsche Wehrmacht besetzt Südfrankreich, die Südcevennen werden zum Widerstandsgebiet.

1962
Nach dem Algerienkrieg ziehen viele Algerienfranzosen in die Region um Montpellier.

1963
Die wirtschaftliche Belebung des Südens mit dem Ausbau zahlreicher Ferienorte beginnt. La Grande Motte, die Pyramidenstadt am Golfe du Lion, macht Schlagzeilen.

1971–1981
Demonstration gegen die Erweiterung des 3000 ha großen Truppenübungsplatzes von Larzac. Die Protestbewegung Larzac Libre wird zum Symbol des Widerstandes gegen die Pariser Militär- und Umweltpolitik.

1981
Die Regierung Mitterrand gewährt über 100 000 illegal Eingewanderten Bleiberecht, woraufhin die Wähler scharenweise zum rechtsextremen Front National überlaufen.

1982
Mitterrand ermöglicht die Dezentralisierung und gewährt den Regionen damit mehr Autonomie.

1994
Die französische Regierung verbietet im Zuge der Reinhaltung der Sprache die Verwendung von Anglizismen. An der Ardèche werden Höhlenmalereien gefunden, deren Alter das der Höhlen von Lascaux vermutlich um einiges übertrifft.

2000–2006
Das Languedoc-Roussillon will einen touristischen Schwerpunkt »Wellness« (»des projets thermaux«) entwickeln.

2005
Mit dem Viadukt von Millau über das Tarn-Tal, der höchsten Autobahnbrücke der Welt, ist die Lücke in der A 75 von Paris ins Languedoc-Roussillon geschlossen. Die Region besitzt außerdem eine Attraktion mehr.

2007
Die Zahl der Winzer ist zurückgegangen. Viele haben nach der Ernte 2006 ihre Weinstöcke vernichtet und dafür EU-Gelder kassiert.

Nie wieder sprachlos

Aussprache

~über einem Vokal bedeutet, dass er nasal ausgesprochen wird:

ã wie chance
ẽ wie terrain
õ wie bonbon

Wichtige Wörter und Ausdrücke

Ja	*oui [ui]*
Nein	*non [nõ]*
danke	*merci [mersi]*
Wie bitte?	*comment [komã]*
Ich verstehe nicht.	*je ne comprends pas [schö nö kõmprã pa]*
Entschuldigung	*pardon/excusez-moi [pardõ/ exküseh-moa]*
Hallo	*salut [salü]*
Guten Morgen/ Tag	*bonjour [bõschur]*
Guten Abend	*bonsoir [bõsuar]*
Auf Wiedersehen	*au revoir [oh röwuar]*
Ich heiße ...	*je m'appelle [schö mapäl]*
Ich komme aus ...	*je suis de [schö süi dö]*
Deutschland.	*l'Allemagne [l'allmanj]*
Österreich.	*l'Autriche [l'otrisch]*
der Schweiz.	*la Suisse [la suis]*
Wie geht's?	*comment allez-vous/vas-tu [kommãt alleh-wu/kommã wa-tü]*
Danke, gut.	*bien, merci [bjẽ mersi]*
wer, was, welcher	*qui, quoi, lequel [ki, koa, lökel]*
wann	*quand [kã]*
wie viel	*combien [kombiẽ]*
wie lange	*combien de temps [kombiẽ dö tã]*
Sprechen Sie deutsch/ englisch?	*parlez-vous allemand/anglais [parleh-wu almã/ãnglä]*
heute	*aujourd'hui [oschurdüi]*
morgen	*demain [dömẽ]*
gestern	*hier [iär]*

Zahlen

ein	*un [ẽ], une [ün]*
zwei	*deux [döh]*
drei	*trois [troa]*
vier	*quatre [katr]*
fünf	*cinq [sẽk]*
sechs	*six [sis]*
sieben	*sept [set]*
acht	*huit [üit]*
neun	*neuf [nöf]*
zehn	*dix [dis]*
einhundert	*cent [sã]*
eintausend	*mille [mil]*

Unterwegs

rechts	*à droite [a droat]*
links	*à gauche [a gohsch]*
geradeaus	*tout droit [tu droa]*
Wie kommt man nach ...?	*pouvez-vous m'indiquer le chemin pour aller à [puwe wu mẽdike lö schöm? pur ale a]*
Wo ist ...	*où se trouve [u sö truw]*
die nächste Werkstatt?	*le garage le plus proche [lö garasch lö plü prosch]*
der Bahnhof?	*la gare [la gar]*
die nächste U-Bahn?	*l'arrêt de métro le plus proche [larrä dö metroh lö plü prosch]*
der Flughafen?	*l'aéroport [laehropor]*
die Touristeninformation?	*l'office de tourisme [offis dö turism]*
die nächste Tankstelle?	*la station-service la plus proche [la stasjõ servis la plü prosch]*

Bitte voll tanken!	*le plein s'il vous plaît [lö plẽ sil wu plä]*
Normalbenzin	*essence [esãs]*
bleifrei	*sans plomb [sã plõ]*
Ich möchte ein Auto/Fahrrad mieten.	*je voudrais louer une voiture/un vélo [schö wudrä lueh ün voatür/ẽ welo]*
Wir hatten einen Unfall.	*on a eu un accident [õna ü ? aksidã]*
Wo finde ich ...	*où est-ce que je trouve [uäskö schö truw]*
einen Arzt?	*un médecin [ẽ medsẽ]*
eine Apotheke?	*une pharmacie [ün farmasi]*
Eine Fahrkarte nach ... bitte!	*un ticket pour ... s'il vous plaît! [ẽ tikä pur ..., sil wu plä]*

Übernachten

Ich suche ein Hotel.	*je cherche un hôtel [schö schersch ẽnohtäl]*
Haben Sie noch Zimmer frei ...	*avez-vous encore des chambres de libres [aweh-wu ãkor deh schãbr-dö libr]*
für eine Nacht?	*pour une nuit [pur ün nüi]*
für eine Woche?	*pour une semaine [pur ün sömän]*
Ich habe ein Zimmer reserviert.	*j'ai réservé une chambre [schä reserveh ün schãbr]*
Wie viel kostet das Zimmer ...	*combien coûte la chambre [kombiẽ kut la schãbr]*
mit Frühstück?	*avec le petit déjeuner [awek lö pöti dehschöneh]*
mit Halbpension?	*en demi-pension [ã dömi pãsiõ]*
Kann ich das Zimmer sehen?	*est-ce que je peux voir la chambre [äskö schö pöh vuar la schãbr]*
Ich nehme das Zimmer.	*je prends la chambre [schö prã la schãbr]*
Ich möchte mich beschweren.	*je voudrais porter plainte [schö wudrä porteh plẽnt]*
funktioniert nicht	*ne marche pas [nö marsch pa]*

Essen und Trinken

Die Speisekarte bitte!	*la carte s'il vous plait [la kart sil wu plä]*
Die Rechnung bitte!	*l'addition s'il vous plaît [ladisjõ sil wu plä]*
Ich hätte gern ...	*Je vais prendre [schö wä prãdre]*
Wo finde ich die Toiletten (Damen/Herren)?	*où sont les toilettes? (dames/hommes) u sõ leh toalät (dam/om)]*
Kellner/-in	*monsieur/mademoiselle/madame [mösjöh/madmoasel/madam]*
Frühstück	*petit déjeuner [pöti dehschöneh]*
Mittagessen	*déjeuner [dehschöneh]*
Abendessen	*dîner [dineh]*

Einkaufen

Wo gibt es ...?	*où se trouve [u sö truw]*
Haben Sie ...?	*avez-vous [aweh wu]*
Wie viel kostet ...?	*combien ça coûte? [kombiẽ sa kut]*
Das ist zu teuer.	*c'est trop cher [sä tro schär]*
Geben Sie mir bitte 100 Gramm/ein Kilo ...	*je voudrais cent gramme/un kilo de [schö wudrä sã gram/ẽ kilo dö]*
Briefmarken für einen Brief/eine Postkarte nach ...	*des timbres pour une lettre/carte postale pour [deh tẽbr pur ün lettr/ün kart postal pur]*

Die wichtigsten kulinarischen Begriffe

Wichtige Redewendungen im Restaurant → S. 103

A

abats: Innereien
agneau: Lamm
ail: Knoblauch
amandes: Mandeln
anchois: Anchovis, Sardellen
à point: fast durchgebraten
artichauts: Artischocken
assiette: Teller

B

barbeau: Barbe
bavette: saftiges Stück vom Rind, wird meist kurz gebraten
betteraves: Rote Bete
beurre: Butter
bière: Bier
bisque: Krebssuppe
blanc de poulet: Hühnerbrust
bœuf: Rindfleisch
bœuf à la mode: Schmorbraten
boisson: Getränk
brik: Teigtasche
brochette: Fleischspieß
brouillade: Rühreier
brut: sehr trocken

C

cacahouètes: Erdnüsse
calmar: Tintenfisch
canard: Ente
carbonade: Grillfleisch über Holzkohle
chou: Kohl
choufleur: Blumenkohl
civet: Ragout
clovisses: Venusmuscheln
coing: Quitte
concombre: Salatgurke
confiserie: Süßwaren
coq: Hahn
coq au vin: in Rotwein geschmortes Hühnerfleisch
coquillages: Muscheln
cornichon: Gewürzgurke
coupe glacée: Eisbecher
crêpe: Eierpfannkuchen
crevettes: Garnelen

D

déjeuner: Mittagessen
dinde: Pute
dîner: Abendessen
dorade: Goldbrasse

E

eau: Wasser
eau minérale: Mineralwasser
eau plate: ohne Kohlensäure
écrevisse: Krebs
entrée: Vorspeise
épices: Gewürze
épinard: Spinat
escalope: Schnitzel
escargot: Schnecke
espardon: Schwertfisch

F

faisan: Fasan
farci: gefüllt
fenouil: Fenchel
figues: Feigen
fines herbes: gehackte Kräuter
flétan: Heilbutt
foie: Leber
fraises: Erdbeeren
framboises: Himbeeren
friture: gebratene Fische
fromage: Käse
fruits: Früchte
fruits de mer: Meeresfrüchte
fumé: geräuchert

G

gâteau: Kuchen
gazeuse: mit Kohlensäure
gibier: Wild
gigot d'agneau: Lammkeule
glace: Eis
glaçon: Eiswürfel
gratiné: überbacken
grenouille: Frosch
grillade: Rostbraten
grillé: gegrillt

H
haché: gehackt
hachis: Hackbraten
haricots: Bohnen
harissa: Chilisauce
herbes: Kräuter
homard: Hummer
hors d'œuvre: Vorspeisen
huile: Öl
huîtres: Austern

I
infusion: Kräutertee

J
jambon: Schinken
jus: Saft

L
lait: Milch
langoustines: kleine Langusten (Scampi)
lapin: Kaninchen
légume: Gemüse
lotte de mer: Seeteufel
loup de mer: Wolfsbarsch

M
maquereaux: Makrelen
menthe: Minze
merguez: Würstchen
mérou: Zackenbarsch
miel: Honig
morue: Stockfisch
moules: Miesmuscheln
mouton: Hammel
mulet: Meeräsche

N
nouilles: Nudeln

O
œuf: Ei
œuf sur le plat: Spiegelei
oignons: Zwiebeln
omelette aux fines herbes: Kräuteromelett

P
pageot: Rotbrasse
pain: Brot
– complet: Vollkornbrot
pastèque: Wassermelone
pâte: Teigwaren
pâtisserie: Kuchen
paupiettes de veau: Kalbsroulade
pêches: Pfirsiche
petit déjeuner: Frühstück
petit pois: Erbse
pignols: Pinienkerne
piment: scharfer Pfeffer
pistaches: Pistazienkerne
plat du jour: Tagesmenü
poire: Birne
poisson: Fisch
poivre: Pfeffer
pomme: Apfel
pomme de terre: Kartoffel
potage: Suppe
poulet: Hühnchen
poulet rôti: Brathühnchen
poulpe: Krake
prune: Pflaume

Q
quenelles: Fleischklößchen

R
raisin: Weintraube
repas: Mahlzeit
riz: Reis
rognons: Nieren
rôti: Braten

S
saignant: blutig (Steak)
sanglier: Wildschwein
saucisse: Wurst
seiche: Tintenfisch
sel: Salz
semoule: Grieß
sole: Seezunge
sucre: Zucker

T
tarte: Torte
terrine: Fleischpastete
thon: Tunfisch

V
veau: Kalb
viande: Fleisch
vin: Wein
volaille: Geflügel

Nützliche Adressen und Reiseservice

Auf einen Blick
Einwohnerzahl: 2,3 Millionen
Fläche: 27 376 qkm; achtgrößte Region Frankreichs
Verwaltungseinheiten: Die Départements Gard, Hérault, Lozère, Aude und Pyrénées-Orientales bilden das Languedoc-Roussillon; touristisch dazugerechnet werden Gebiete der Départements Ardèche, Tarn und Aveyron.
Sprache: Französisch, um Perpignan auch Spanisch und Katalanisch
Wirtschaft: Landwirtschaft, Weinbau, Tourismus und Hochtechnologie zwischen Montpellier und Alès
Religion: vorwiegend katholisch

Anreise

Mit dem Auto

Wenn man von den Hauptreisezeiten im Juli und August absieht, und hier jeweils vom zweiten Wochenende, lässt es sich gut auf den gebührenpflichtigen Autobahnen nach Süden reisen (Höchstgeschwindigkeit 130 km/h). Die A 6 und die A 7 sind die Hauptreiserouten. Seit außerdem der Engpass Lyon mit der östlichen Umfahrung (A 40) entschärft ist und die A39 von Dôle nach Bourg-en-Bresse den Stau von Beaune umfährt, spart man auch 20 km ein. Die A 9 verbindet Spanien mit dem Rhônetal, über sie kann man alle Küstenstädte erreichen.

Das Schild »péage« zeigt an, wo die **Mautpflicht** für die Autobahnen beginnt. Wer das Land einmal von Norden nach Süden durchquert, muss mit etwa 60 € an Gebühren rechnen. Parallel zur Autobahn kann man die Nationalstraße N 113 an der Rhône entlangfahren.

Mit dem Autoreisezug

Bis zu den Verladebahnhöfen **Avignon** und **Narbonne** kann man von Berlin, Düsseldorf, Hannover, Hamburg, Köln und München aus mit dem Autoreisezug von April bis Oktober fahren, wenn man seine Reise sehr früh plant. Das hat allerdings seinen Preis: Von Hamburg oder Berlin bis Avignon bezahlt man beispielsweise etwa 500 € für die einfache Fahrt.

Mit dem Flugzeug

Direktflüge aus Österreich und der Schweiz ins Languedoc-Roussillon gibt es leider nicht. Man fliegt nach **Lyon** oder **Paris** und steigt dort anschließend um nach **Nîmes, Montpellier** oder **Perpignan, Carcassonne** oder **Béziers**. Vom Flughafen Hahn im Hunsrück kann man für den Preis einer Bouillabaisse nach Montpellier fliegen.

Mit dem Zug

Am schnellsten erreicht man den Süden, wenn man zuerst nach **Paris** fährt. Von hier aus braucht der Hochgeschwindigkeitszug **TGV** (Train à Grande Vitesse) etwa dreieinhalb Stunden nach **Nîmes**, eine halbe Stunde länger bis **Montpellier**, rund fünf Stunden bis **Béziers** oder sechseinhalb Stunden bis **Narbonne**.

Neben preisgünstigen Tickets für Jugendliche und Rentner wird für längere Strecken der »tarif de séjour« angeboten. So ist es gelegentlich günstiger, weiter nach Süden zu fahren oder ein Ticket für diese Strecke zu buchen, um in den Genuss der billigen Fahrkarte (Prem's) zu gelangen. Jedenfalls ist sie eine vernünftige Alternative für Urlauber, die von einem der größeren Orte eine Rundfahrt planen. Verkaufsstelle der SNCF, der französischen Eisenbahngesellschaft, in Deutschland:

Bahnhofsvorplatz 1,
50667 Köln; Tel. 01 80/5 21 82 38,
Fax 02 21/91 39 31 20;
E-Mail: verkauf@raileurope.de

Auskunft

Französische Fremdenverkehrsämter

In Deutschland
Zeppelinallee 37, 60325 Frankfurt/Main;
Tel. 01 90/57 00 25, Fax 01 90/59 90 61
(Servicenummer 0,62 €/Minute);
www.maison-de-la-france.com,
www.franceguide.com

In Österreich
Argentinierstr. 41a, 1040 Wien;
Tel. 09 00/25 00 15, Fax 01/5 03 28 71;
www.mdlf.at

In der Schweiz
Rennweg 42, 8023 Zürich;
Tel. 09 00/90 06 99, Fax 01/2 17 46 17

In Frankreich
Comité Régional du Tourisme Languedoc-Roussillon
20, rue de la République, 34000 Montpellier; Tel. 00 33/4 67 22 81 00,
Fax 4 67 58 06 10; www.sunfrance.com

Buchtipps

Walter Benjamin: »... wie überall hin die Leute verstreut sind ...«, hrsg. v. C. Fischer-Defoy (Koehler & Amelang, 2006). Das Adressbuch des Exils von Walter Benjamin, dessen Flucht zu Fuß nach Spanien 1940 scheiterte und der in Portbou beigesetzt wurde.

Ernest Hemingway: »Der Garten Eden« (Rowohlt). Als Hemingway 1946 die denkwürdigen Flitterwochen eines jungen amerikanischen Ehepaares in Le Grau-du-Roi und Spanien beschrieb, war der Ort im Rhônedelta noch ein Fischerdorf.

MICHELIN Der Grüne Reiseführer: »Languedoc-Roussillon« (Travel House Media, 2007). Wer weiteres Interesse an der reichen Kultur und Geschichte des Languedoc hat, findet hier spannende Hintergrundinformationen und anschauliche Bilder.

Kate Mosse: »Das verlorene Labyrinth« (Droemer, 2005). Bei Ausgrabungen in einer Höhle im Languedoc entdeckt eine junge Frau Skelette und eine Wandmalerei, die sie auf mysteriöse Weise mit Ereignissen vor 800 Jahren verbinden.

Diplomatische Vertretungen

Deutsches Generalkonsulat
338, av. du Prado, 13295 Marseille Cedex 8; Tel. 04 91 16 75 20, Fax 04 91 16 75 28

Österreichisches Generalkonsulat
22, cours Pierre Puget, 13006 Marseille;
Tel. 04 91 53 02 08, Fax 04 91 53 71 51

Schweizer Generalkonsulat
7, rue d'Arcole, 13291 Marseille Cedex 6;
Tel. 04 96 10 14 10/11, Fax 04 91 57 01 03

Feiertage

1. Januar	Neujahr
Ostermontag	
1. Mai	Tag der Arbeit
8. Mai	Armistice 1945, deutsche Kapitulation in Reims
Christi Himmelfahrt	
Pfingstmontag	
14. Juli	Nationalfeiertag, Sturm auf die Bastille 1789
15. August	Mariä Himmelfahrt
1. November	Allerheiligen
11. November	Waffenstillstand 1918
25. Dezember	Weihnachten

Nebenkosten in Euro

1 Tasse Café au Lait	ca. 3,00
1 Bier (Flasche)	ca. 3,50
1 Cola	ca. 2,20
1 Baguette	0,75
1 Schachtel Zigaretten	5,00
1 Liter Benzin	0,90
Fahrt mit öffentl. Verkehrsmitteln (Einzelfahrt)	1,00
Mietwagen/Tag	ab 45,00

Stand: Dezember 2006

Geld

Am 1. Januar 2002 wurden die Euro-Banknoten und -Münzen in Umlauf gebracht. Am 1. Juli 2002 verloren dann die einzelstaatlichen Währungen ihre Gültigkeit.

Kreditkarten sind in Frankreich häufiger in Gebrauch als in Deutschland. Oft ist damit jedoch ausschließlich die französische Carte Bleue (CB) gemeint. So sollte man für Restaurantbesuche immer Bargeld mit dabeihaben. Hotelrechnungen dagegen kann man fast immer mit Kreditkarte begleichen. Wo Karten akzeptiert werden, sind AmEx MASTER und VISA am gebräuchlichsten.

Internet

Fast jeder Ort hat seine eigene Website. Neben der offiziellen Seite, **www.sunfrance.com**, gibt es gute Informationen und Adressen zu ausgewählten Themen (Feste, Golfplätze, Sport usw.) bei **www.franceguide.com**, auch auf Deutsch. Seit 2005 finden deutschsprachige Urlauber unter **www.logis-de-france.fr** Hoteladressen, Karten, Angebote für Rundreisen und themenbezogene Unterkünfte (für Radfahrer, Weinfreunde, Angler usw.) der kontrollierten Hotelkette.

Medizinische Versorgung

Der Arzt trägt in Frankreich keinen weißen Kittel. Dafür kassiert er gleich nach der Behandlung. Da nützt auch kein Auslandskrankenschein. Man lässt sich die Behandlung bescheinigen und rechnet zu Hause mit der Krankenkasse ab.

Notruf

ACE 00 49/18 02/34 35 36
ADAC 00 49/18 02/22 22 22
Polizei 17
Feuerwehr 18

Öffnungszeiten

Restaurants sind üblicherweise von 12 bis 14/15 Uhr und von 19 bis höchstens 22 Uhr geöffnet. Das heißt jedoch nicht, dass man überall um 21.30 Uhr noch bedient wird. Nur in sehr gut besuchten Ferienorten wird in mehreren »Durchgängen« serviert. Unabhängig davon sind Urlauber in Imbissen und Crêperien.

Post

Briefmarken kauft man im »tabac«. Dort gibt es auch die zum Telefonieren unentbehrliche »télécarte«. Beides erhält man auch bei der Post: Öffnungszeiten 8–18.30 Uhr.

Reiseknigge

Suchen Sie sich im **Restaurant** nicht selbst einen Tisch. Da die meisten Gäste ihren Platz reservieren, weist der Kellner Ihnen einen Tisch zu. Sprechen Sie ihn nicht mit »garçon«, sondern mit »monsieur« an.

Lassen Sie nichts, aber auch wirklich gar nichts im **Auto** liegen. Diebe beobachten gern große Parkplätze an einsam gelegenen Orten und warten, bis die Autobesitzer weggegangen sind. Wer eine Grotte oder einen Strand besucht, kommt spät wieder. Zeit genug, einen Kofferraum aufzubrechen, wenn schon nichts sichtbar im Auto liegt. Im Parkhaus kann man nicht so unauffällig beobachtet werden, und das Auto ist kühler, wenn man es wieder braucht.

Ab 2007 ist in Frankreich das **Rauchen** in öffentlichen Gebäuden verboten.

Reisezeit

Im Juli und August herrscht Hochsaison. Wer kein Zimmer und keinen Zeltplatz vorbestellt hat, dürfte Schwierigkeiten haben, eine Unterkunft zu finden. In Feriengebieten wird manches Zimmer nur mit Halbpension oder nur wochenweise vermietet. Wer mit dem Auto unterwegs ist, sollte die nationalen Aufbruchtermine 15. Juli und 15. August meiden. Mit hohem Verkehrsaufkommen ist in den französischen Naherholungsgebieten auch an Wochenenden und an Feiertagen zu rechnen. Die Saison für Wanderer beginnt in den Bergen kurz nach Ostern und endet erst im Herbst. Dann aber sind die Pflanzen verbrannt und die Landschaft nicht mehr so reizvoll. Ähnliches gilt für die Kanuten in den Canyons. Auch Straßenräuber halten sich, vor allem in den Städten, an die Saison und nicht mehr nur an große Autos. Für Hotelpreise und Öffnungszeiten ist von Ostern bis Allerheiligen Saison bzw. Hochsaison.

Telefonieren

Ohne »télécarte« (zu 50 oder 120 Einheiten erhältlich) geht fast nichts, auch nicht auf dem Dorf. In Telefonzellen, an denen eine Klingel klebt, kann man sich auch anrufen lassen. Die Karten gibt es bei der Post und im »tabac« zu kaufen.

Wer eine Telefonnummer sucht, begibt sich im Postamt (oder in der Bar) ans **Minitel**, wählt die 11 und kann dann auf dem Bildschirm durch das Telefonbuch wandern. Das ist einfacher, als ein Telefonbuch zu benutzen, da man nur das Département kennen muss.

Für Gespräche nach Frankreich muss man das Länderkennzeichen 00 33 und die Teilnehmernummer wählen. Dabei lässt man die 0 der neuen zehnstelligen Telefonnummern weg. Seit Oktober 1996 ist die Auslandsvorwahl 19 durch 00 ersetzt. Es gelten folgende Länderkennzahlen:

D, A, CH → F 00 33
F → D 00 49
F → A 00 43
F → CH 00 41

Der günstigere Nachttarif gilt von 19–8 Uhr, samstags ab 12 Uhr und an Sonn- und Feiertagen.

Handybesitzer tun im Hinblick auf die Rechnung gut daran, eine örtliche Karte zu kaufen. In den Bergen muss man damit rechnen, dass man gar keinen Empfang hat.

Verkehrsverbindungen

Auto

Die schönsten Plätze in der Region sind ohne Auto oder Motorrad kaum erreichbar. In den größeren Städten bieten daher verschiedene Mietwagenfirmen ihre Dienste an.

Zur Hauptreisezeit empfiehlt es sich jedoch auf jeden Fall, schon von

Entfernungen (in km) zwischen wichtigen Orten

	Agde	Alès	Béziers	Carcassonne	Mende	Montpellier	Narbonne	Nîmes	Perpignan	Sète
Agde	–	127	22	102	137	57	45	103	106	23
Alès	127	–	130	210	110	70	160	44	222	125
Béziers	22	130	–	80	240	60	23	108	99	45
Carcassonne	102	210	80	–	320	140	57	195	120	125
Mende	137	110	240	320	–	180	273	153	334	211
Montpellier	57	70	60	140	180	–	93	50	152	31
Narbonne	45	160	23	57	273	93	–	140	61	68
Nîmes	103	44	108	195	153	50	140	–	200	81
Perpignan	106	222	99	120	334	152	61	200	–	144
Sète	23	125	45	125	211	31	68	81	144	–

zu Hause aus ein Auto vorzubestellen. Die Preise entsprechen in etwa denen in Deutschland. Außerdem werden meistens Wochenend- und Wochenpauschalen angeboten.

Adressen und Telefonnummern bekommt man bei den jeweiligen Fremdenverkehrsämtern.

Zum Problem wird das Auto in den Städten, denn Parkplätze sind rar. In der »zone bleue« darf nur mit Parkscheibe geparkt werden. Ein gelber Streifen am Straßenrand bedeutet absolutes Halteverbot, und auf großzügige Nachsicht mit ausländischen Urlaubern hofft vergeblich, wer in Frankreich die Verkehrsregeln überschreitet.

Belebte Innenstädte und viel besuchte Touristenziele garantieren keineswegs die Unversehrtheit von Auto und Gepäck. Sichtbar herumliegende Kameras oder auch nur Sonnenbrillen im Autoinneren reizen Langfinger öfter, als man glauben will. Wer sein Gepäck aus dem Kofferraum vermisst, sollte sich unbedingt an die örtliche Polizei wenden, weil die Verlustmeldung zu Hause von der Versicherung verlangt wird.

Boot

Die **Kanalschifffahrt** gehört im Languedoc zu den schönsten und geruhsamsten Fortbewegungsarten. Entsprechend beliebt ist sie, und so trifft, wer ein Hausboot mietet, im Sommer auch viele andere Freizeitkapitäne, die mit 6 km/h Höchstgeschwindigkeit von Schleuse zu Schleuse fahren. Kinderleicht wird das Schippern allerdings erst – auch wenn die Bootsverleiher anderes versprechen – vom zweiten oder dritten Tag an. Man mietet die meist für zwei bis vier Personen ausgestatteten Boote für eine Woche (Kostenpunkt: ca. 100 €). In dieser Zeit kann man von **Carcassonne** nach **Béziers** gelangen oder umgekehrt (→ S. 96/97). Die Verleiher bieten auch den Service an, das Auto an den Zielort zu bringen.

Wohnmobil

Die Schluchten der **Ardèche**, der **Cèze** und des **Tarn** sind beliebte Reiseziele von Campern. Wohnmobile dürfen in den meisten Innenstädten nicht abgestellt werden. Wer mit einem großen, schweren Gefährt unterwegs ist, sollte seine Routenauswahl dementsprechend treffen. Durch die Berge im Hinterland führen bisweilen so schmale, steile und unbefestigte Wege, dass sogar manchem Kleinwagenfahrer Angst und Bange wird, er könnte einem anderen Fahrzeug begegnen.

Öffentliche Verkehrsmittel

Problemlos kommt man mit dem **Zug** von Nîmes nach Montpellier, Perpignan und Le Grau-du-Roi. Der Bus an die Küste nach Le Grau-du-Roi jedoch fährt selten und braucht lange. Und wer in den Cevennen oder im Hinterland von Narbonne oder Carcassonne ein Ziel hat, wird manchmal vergeblich Busfahrpläne studieren.

Das Languedoc-Roussillon ist nicht unbedingt eine Urlaubsregion für Anhänger des sanften Tourismus, die ohne Fahrrad unterwegs sind. Wer allerdings viel Zeit hat und damit zufrieden ist, dass zwischen vielen Orten nur zwei Busse jeweils morgens und abends verkehren, wird sich mit den öffentlichen Verkehrsmitteln begnügen können.

Zoll

Seit dem 1. Januar 1993 sind die Zollkontrollen an den Binnengrenzen der EU entfallen (nicht jedoch etwaige Sicherheitskontrollen).

Es muss erkennbar sein, dass Waren für den Privatgebrauch bestimmt sind. Bei Verdacht, dass Sie mit den Waren handeln, werden Sie zur Versteuerung herangezogen. Für Schweizer gelten die alten Regelungen. Duty-free-Einkauf gibt es innerhalb der EU nicht mehr.

Weitere Auskünfte unter www.zoll.de, www.bmf.gv.at/zoll und www.zoll.ch.

Kartenatlas

Orientierung leicht gemacht: mit Planquadraten und allen Orten und Sehenswürdigkeiten.

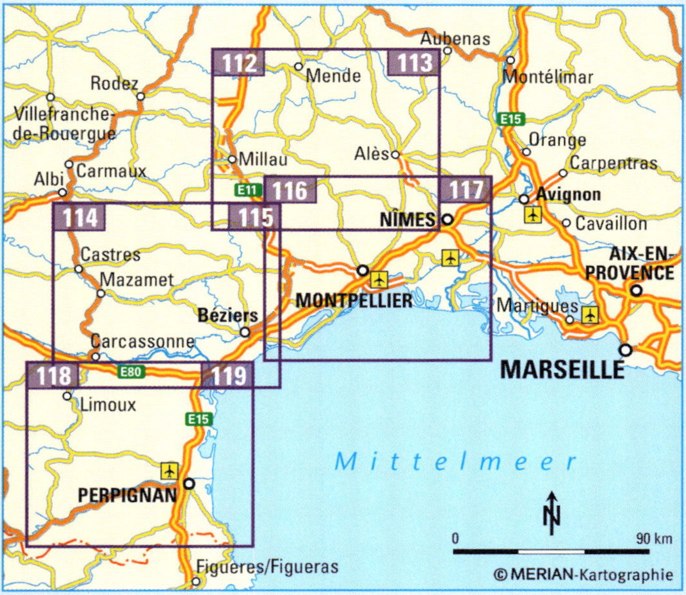

Legende

Routen und Touren

- Rund um Nîmes (S. 92)
- Katharerland (S. 94)
- Auf dem Canal du Midi (S. 96)

Sehenswürdigkeiten

- MERIAN-TopTen
- MERIAN-Tipp
- Sehenswürdigkeit, öffentl. Gebäude
- Sehenswürdigkeit Kultur
- Sehenswürdigkeit Natur
- Kirche
- Schloss, Burg; Ruine
- Museum

Sehenswürdigkeiten ff.

- Denkmal
- Leuchtturm
- Archäologische Stätte
- Höhle

Verkehr

- Autobahn
- Autobahnähnliche Straße
- Fernverkehrsstraße
- Hauptstraße
- Nebenstraße
- Unbefestigte Straße, Weg
- Parkmöglichkeit
- SNCF Bahnhof

Verkehr ff.

- Schiffsanleger
- Flughafen
- Flugplatz

Sonstiges

- Information
- Theater
- Markt
- Camping
- Aussichtspunkt
- Friedhof
- Naturparkgrenze

A B C

Le Grenier
Séjas
Marvejols
Montrodat
Gabrias
Les Salces
Colagnet
Chastel-Nouvel
Viaurals
Les Hermaux
Chirac
Palhers
Chabannes
N 106
Mende
A75
Le Monastier
N108
La Chaumette
Aurelle-Verlac
Trélans
Chabanes
La Vigne
Le Gerbal
Lot
St-Germain-du-Teil
N88
Esclanèdes
St-Geniez-d'Olt
St-Laurent-d'Olt
Château de Montferrand
Chanac
Aubrac
Banassac
La Canourgue
St-Saturnin-de-Lenne
Campagnac
St-Saturnin
Causse de Sauveterre
Canac
La Capelle
La Tieule
Buzeins
A75
Ste-Enimie
Quézac
Laval-du-Tarn
Lapanouse
Le Recoux
Tarn
Séverac-le-Château
Cirque des Baumes
Gorges du Tarn
St-Grégoire
St-Georges-de-Lévéjac
St-Chély-du-Tarn
Montbrun
Lavernhe
Le Massegros
La Malène
Les Vignes
St-Rome-de-Dolan
Gorges du Tarn
Causse Méjean
Drigas
Hures-la-Parade
Trebans
Vébron
St-Léons
Boyne
Aven Armand
Fraissinet-de-Fourques
Fontaneilles
Liaucous
Verrieres
Jonte
Gatuzières
Pinet
Peyreleau
Grotte de Dargilan
Meyrueis
Compeyre
St-André-de-Vézines
Vessac
Roquedols
Aguessac
Montpellier-le-Vieux
Causse Noir
Parc National des Cévennes
St-Germain
N9
La Roque-Ste-Marguerite
Lanuéjols
N911
Millau
Le Monna
Garène
Canyon de la Dourbie
Peyre
Viaduc de Millau
Revens
N999
Trévezel
Trèves
Causse-Bégon
Dourbies
Dourbie
Montagne du Lingas
La Bastide-Pradines
La Cavalerie
Nant
St-Jean-du-Bruel
Roquefort-sur-Soulzon
Lallanouse-de-Cernon
Causse du Larzac
Bréau-et-Salagosse
Tournemire
Arrigas
L'Hospitalet-du-Larzac
Sauclières
Aumessas
Viala-du-Pas-de-Jaux
Alzon
Arre
Bez-et-Esparon
La Blaquererie
Cazejourdes
Vis
Campestre-et-Luc
A75
St-Jean-d'Alcas
Montdardier
Blandas
St-Beaulize
Cornus
Marnhagues-et-Latour
Sorbs
Vissec
Fondamente
Bauras
Canals
Plateau de Guilhaumard
Cirque de Navacelles
St-Maurice
Montpaon
Le Cros
St-Michel
Les Rives
Montagnol
Le Clapier
St-Maurice-Navacelles
Col Notre-Dame
Rocozels
St-Félix-de-l'Héras
A75
St-Jean-de-B
Mas-de-Jourdes
Cenomes
Ceilhes-et-Rocozels
Roqueredonde
Pégairolles-de-l'Escalette
115
St-Pierre-de-la-Fage
Pegairolles-de-Buèges
Tauriac-de-Camarès
Barrage d'Avène
Lauroux
Soubès
La Vacquerie-et-St-Martin-de-Castries
Labiras
Poujols
1
2
3
4
A
B
C

D
E
F
1
2
3
4
Les Chazeaux
Belvezet
Allenc
Chasserades
Montagne du Goulet
Bagnols-les-Bains
Prévenchères
Montselgues
Sablières
St-Mélany
Dompnac
Rocles
Les Pauzes
Drobie
St-André-Lachamp
Ribes
Romain
Le Bleymard
Altier
La Garde-Guérin
Thines
Planzolles
Joyeuse
Cubières
Altier
Barrage de Villefort
Ste-Marguerite-Lafigère
Brès
Lablachère
Castanet
Malarce-sur-la-Thines
Payzac
Villefort
Vompdes
Mont Lozère
1699
Parc National des Cévennes
Vielvic
Granière
Les Vans
Rûnes
Le Viala
Concoules
Berrias
Fraissinet-de-Lozère
Le Pont-de-Montvert
Génolhac
Abeau
N 104
Malbosc
St-Paul-le-Jeune
Gorges de l'Ardèche
St-Maurice-de-Ventalon
Aujac
Vialas
Homol
Sauvas
St-Julien-d'Arpaon
1362
Sénéchas
Bordezac
Gagnières
St-André-de-Cruzières
Chamborigaud
La Vernarède
Courry
St-Brès
Rochessadoule
Bessèges
St-Ambroix
Cassagnas
Ste-Cécile-d'Andorge
Portes
Gammal
Clet
N 106
Le Martinet
Gardon d'Ales
Le Vergougnous
L'Affenadou
Molières-sur-Cèze
Branoux-les-Taillades
Cité-de-l'Aubradou
Les Mages
Molezon
St-Martin-de-Lansuscle
St-Julien-de-Cassagnas
La Grande-Combe
Allègre
La Favède
Ste-Croix-Vallée-Française
St-Julien-les-Rosiers
N 104
Les Vieilles
St-Etienne-Vallée-Française
Salindres
Gardon de St-Jean
Moissac-Vallée-Française
La Baume
St-Privat-des-Vieux
Cendras
St-Roman-de-Tousque
Alès
N6
Brouzet-lès-Alès
Saumane
Mialet
St-Jean-du-Pin
Mons
L'Estréchure
Les Plantiers
St-Jean-du-Gard
Avène
La Jasse-de-Bernard
Monteils
Grotte de Trabuc
St-Christol-lès-Alès
St-Hilaire-de-Brethmas
Valleraugue
Euzet
Bagard
N 110
N 106
Thoiras
Vézénobres
Le Mazel
Notre-Dame-de-la-Rouvière
Anduze
Baron
St-Martial
Lasalle
Ners
St-Césaire
Mandagout
Colognac
Tornac
Cardet
St-Roman-de-Codières
Lézan
Massanes
Maruejols-lès-Gardon
St-Dezery
Monoblet
Durfort
St-Jean-de-Serres
St-Bénézet
Cros
St-Chaptes
Sumène
Rieutord
St-Jean-de-Crieulon
Lédignan
St-Hippolyte-du-Fort
Sauzet
Cadière
Logrian-Florian
Savignargues
Montignargues
Ganges
La Rouvière
Sauve
St-Théodorit
St-Bauzély
Cazilhac-Haut
Montoulieu
Cazilhac-Bas
Grotte des Demoiselles
Moulézan
Quissac
Cannes-et-Clairan
Agonès
St-Bauzille-de-Putois
Gajan
Pompignan
Montmirat
Gorniès
Orthoux-Sérignac-Quilhan
Crespian
Parignargues
la Séranne
Corconne
Ferrières-les-Verreries
Vic-le-Fesq
Claret
Sardan
Montpezat
Vacquières
St-André-de-Buèges
Gailhan
N 110
St-Côme-et-Maruéjols
St-Clément
Clarensac
Sauteyragues
Fontanès
Salinelles
116
Brestalou
Souvignargues
Garrigues
Aspères
0
10 km
N
Nages
St-Martin-de-Londres
Ste-Croix-de-Quintillargues
Campagne
Sommières
Bénovie
Galargues
Congénies
St-Mathieu
la Celette
Usse-la-Selle
© MERIAN-Kartographie

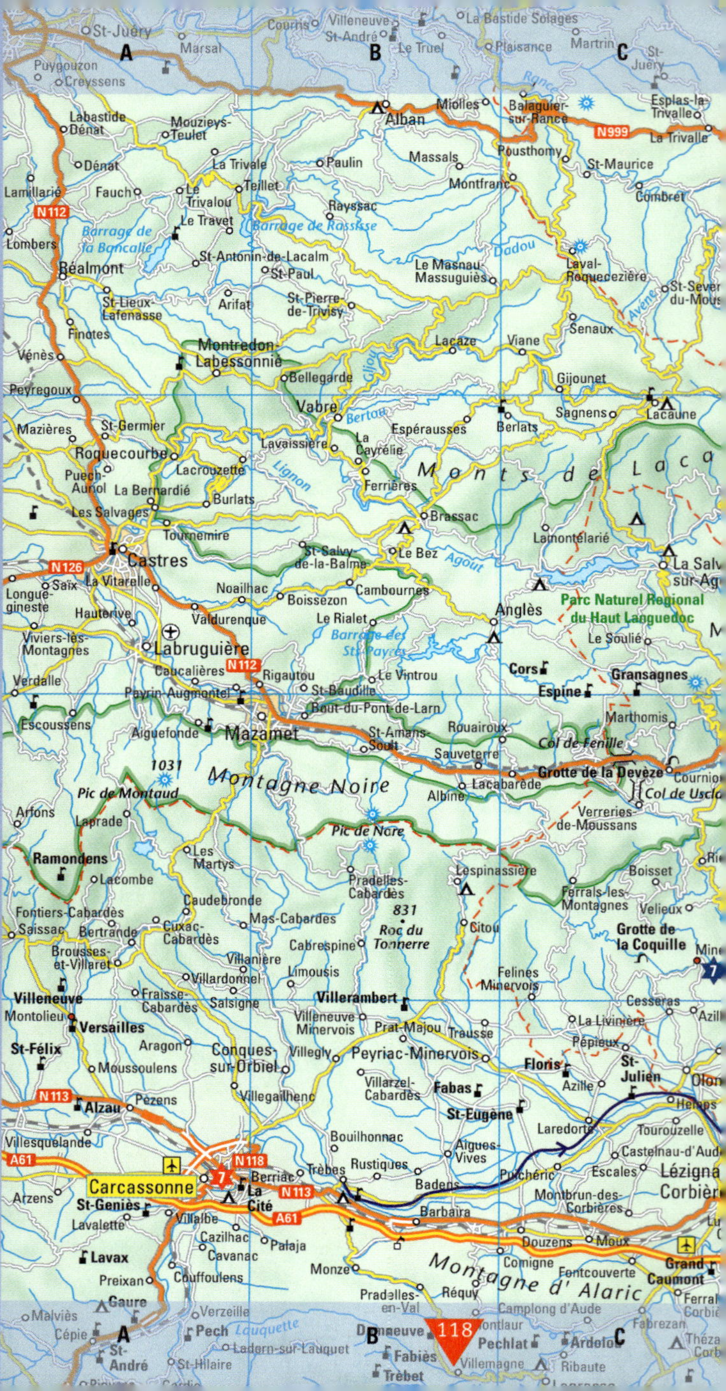
A
B
C
5
6
7
8
St-Juéry
Marsal
Courris
Villeneuve-St-André
Le Truel
La Bastide Solages
Plaisance
Martrin
St-Juéry
Puygouzon
Creyssens
Alban
Miolles
Balaguier-sur-Rance
Rance
Esplas-la-Trivalle
N999
La Trivalle
Labastide-Dénat
Mouzieys-Teulet
Dénat
La Trivale
Paulin
Massals
Pousthomy
St-Maurice
Lamillarié
Fauch
Le Trivalou
Teillet
Montfranc
Combret
N112
Le Travet
Rayssac
Barrage de la Bancalié
Barrage de Rassisse
Lombers
St-Antonin-de-Lacalm
Dadou
Réalmont
St-Paul
Le Masnau-Massuguiès
Laval-Roquecezière
St-Lieux-Lafenasse
Arifat
St-Pierre-de-Trivisy
St-Sever-du-Mous
Avène
Senaux
Fiac
Finotes
Vénès
Montredon-Labessonnié
Lacaze
Viane
Bellegarde
Gijou
Gijounet
Peyregoux
Vabre
Bertou
Espérausses
Berlats
Sagnens
Lacaune
Mazières
St-Germier
Lavaissière
La Cayrélie
Roquecourbe
Monts de Laca
Puech-Auriol
Lacrouzette
Lignon
Ferrières
La Bernardié
Burlats
Les Salvages
Brassac
Tournemire
Lamontélarié
St-Salvy-de-la-Balme
Le Bez
Agout
La Salv sur-Ag
Castres
N126
Saïx
La Vitarelle
Noailhac
Cambournes
Longue-gineste
Boissezon
Anglès
Parc Naturel Regional du Haut Languedoc
Hauterive
Valdurenque
Le Rialet
Viviers-lès-Montagnes
Barrage des St-Peyres
Le Soulié
Labruguière
Caucalières
N112
Rigautou
Le Vintrou
Cors
Gransagnes
Verdalle
Payrin-Augmontel
St-Baudille
Espine
Bout-du-Pont-de-Larn
Marthomis
Escoussens
Aiguefonde
Mazamet
St-Amans-Soult
Rouairoux
Col de Fenille
1031
Sauveterre
Grotte de la Devèze
Courniou
Montagne Noire
Lacabarède
Pic de Montaud
Albine
Col de Uscla
Arfons
Laprade
Verreries-de-Moussans
Pic de Nore
Les Martys
Lespinassière
Boisset
Ramondens
Lacombe
Pradelles-Cabardès
Ferrals-les-Montagnes
Velieux
Caudebronde
831
Fontiers-Cabardès
Mas-Cabardès
Citou
Grotte de la Coquille
Saissac
Bertrande
Cuxac-Cabardès
Roc du Tonnerre
Cabrespine
Brousses-et-Villaret
Villanière
Limousis
Felines Minervois
Villardonnel
Villeneuve
Fraisse-Cabardès
Salsigne
Villerambert
Cesseras
Montolieu
Villeneuve Minervois
La Livinière
Versailles
Prat-Majou
Trausse
Aragon
Pépieux
St-Félix
Conques-sur-Orbiel
Villegly
Peyriac-Minervois
Floris
St-Julien
Moussoulens
Azille
Olonz
Villarzel-Cabardès
Fabas
N113
Alzau
Pezens
Villegailhenc
St-Eugène
Helops
Laredorte
Tourouzelle
Villesquelande
Bouilhonnac
Aigues-Vives
Castelnau-d'Aude
A61
N118
Rustiques
Carcassonne
Berriac
Trèbes
Puichéric
Escales
Lézigna
La Cité
N113
Badens
Corbièr
Arzens
St-Geniès
Montbrun-des-Corbières
Lavalette
Villalbe
A61
Barbaira
Cazilhac
Palaja
Douzens
Moux
Lavax
Cavanac
Comigne
Grand Caumont
Preixan
Couffoulens
Monze
Montagne d'Alaric
Fontcouverte
Gaure
Pradelles-en-Val
Réquy
Ferral Corbiè
Malviès
Verzeille
Camplong d'Aude
Cépie
Pech
Lauquette
Douzillaur
Fabrezan
St-André
Ladern-sur-Lauquet
Pechlat
Ardelou
Théza Corb
St-Hilaire
Fabiès
Villemagne
Ribaute
Trèbet
7
7
118

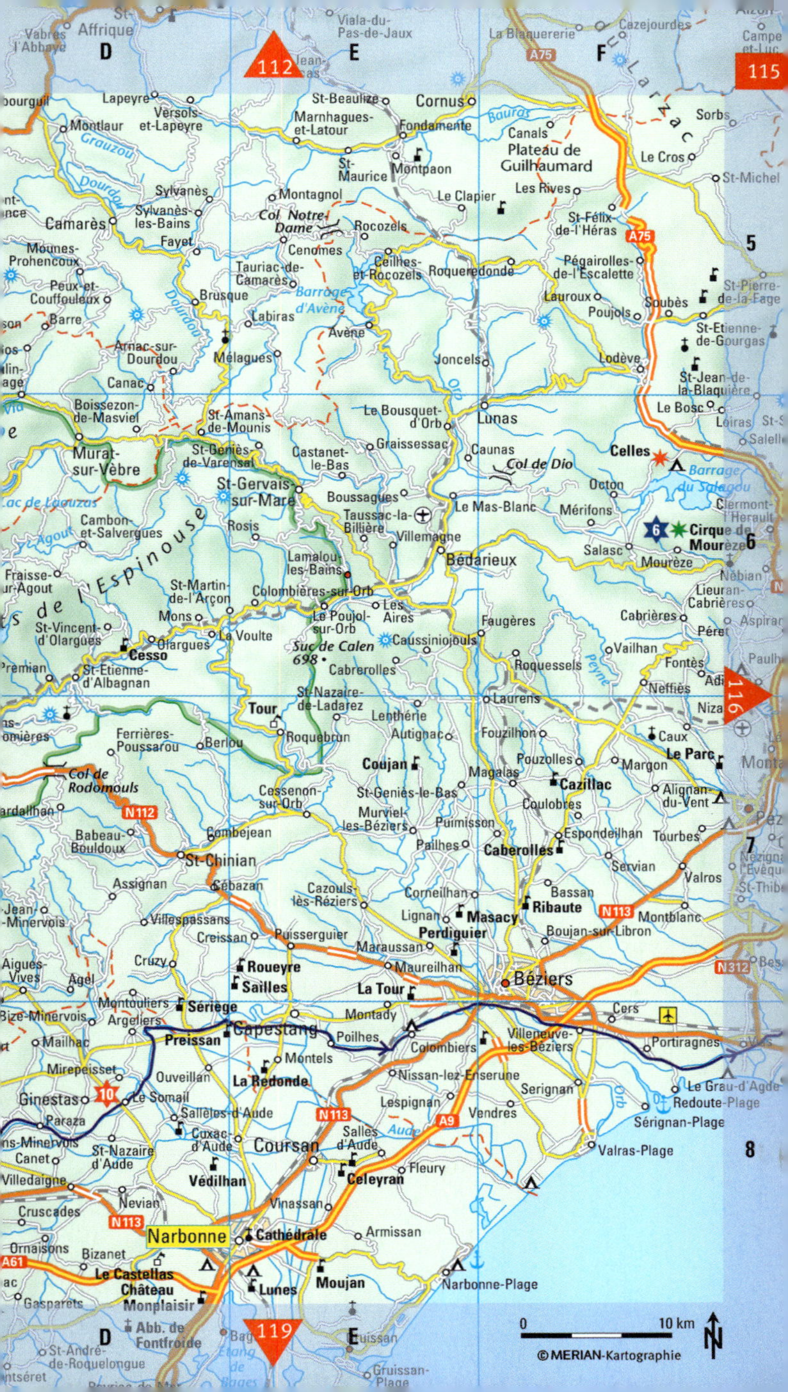
D
E
F
112
Cornus
St-Beaulize
Marnhagues-et-Latour
Fondamente
Canals
Plateau de Guilhaumard
Lapeyre
Versols-et-Lapeyre
Montlaur
Sorbs
Le Cros
St-Michel
St-Maurice
Montpaon
Le Clapier
Les Rives
Larzac
A75
Sylvanès
Sylvanès-les-Bains
Montagnol
Col Notre-Dame
Rocozels
Camarès
Fayet
Cenomes
St-Félix-de-l'Héras
Mounes-Prohencoux
Tauriac-de-Camarès
Ceilhes-et-Rocozels
Roqueredonde
Pégairolles-de-l'Escalette
Peux-et-Couffouleux
Brusque
Barrage d'Avène
Lauroux
Soubès
Poujols
St-Pierre-de-la-Fage
Barre
Labiras
Avène
St-Etienne-de-Gourgas
Arnac-sur-Dourdou
Mélagues
Joncels
Lodève
St-Jean-de-la-Blaquière
Canac
Boissezon-de-Masviel
St-Amans-de-Mounis
Le Bousquet-d'Orb
Lunas
Le Bosc
Loiras
Murat-sur-Vèbre
St-Geniès-de-Varensal
Castanet-le-Bas
Graissessac
Caunas
Col de Dio
Celles
Barrage du Salagou
St-Gervais-sur-Mare
Boussagues
Octon
Lac de Laouzas
Cambon-et-Salvergues
Rosis
Taussac-la-Billière
Le Mas-Blanc
Mérifons
Clermont-l'Hérault
Agout
Villemagne
Cirque de Mourèze
Lamalou-les-Bains
Bédarieux
Salasc
Mourèze
Fraisse-sur-Agout
Monts de l'Espinouse
St-Martin-de-l'Arçon
Colombières-sur-Orb
Les Aires
Nébian
Lieuran-Cabrières
Mons
Le Poujol-sur-Orb
Faugères
Cabrières
Péret
Aspiran
St-Vincent-d'Olargues
Olargues
La Voulte
Suc de Calen 698
Caussiniojouls
Vailhan
Cesso
Cabrerolles
Roquessels
Fontès
Prémian
St-Etienne-d'Albagnan
Peyne
Neffiès
Adissan
116
St-Nazaire-de-Ladarez
Laurens
Tour
Lenthéric
Nizas
Ferrières-Poussarou
Roquebrun
Autignac
Fouzilhon
Caux
Berlou
Coujan
Pouzolles
Margon
Le Parc
Col de Rodomouls
Magalas
Cazilhac
Alignan-du-Vent
Cessenon-sur-Orb
St-Geniès-le-Bas
Coulobres
N112
Murviel-lès-Béziers
Puimisson
Espondeilhan
Tourbes
Babeau-Bouldoux
Combejean
Pailhès
Caberolles
Servian
St-Chinian
Valros
Assignan
Cébazan
Cazouls-lès-Béziers
Corneilhan
Bassan
Ribaute
N113
Montblanc
Lignan
Masacy
Villespassans
Creissan
Puisserguier
Perdiguier
Boujan-sur-Libron
Cruzy
Maraussan
Roueyre
Maureilhan
N312
Aigues-Vives
Agel
Sailles
La Tour
Béziers
Montouliers
Sériège
Cers
Argeliers
Montady
Capestang
Villeneuve-lès-Béziers
Preissan
Poilhes
Colombiers
Portiragnes
Mailhac
Montels
Mirepeisset
Nissan-lez-Enserune
Ouveillan
La Redonde
Serignan
Le Grau-d'Agde
Ginestas
Le Somail
Lespignan
Redoute-Plage
Paraza
Sallèles-d'Aude
N113
A9
Vendres
Sérignan-Plage
Cuxac-d'Aude
Salles-d'Aude
Aude
St-Nazaire-d'Aude
Canet
Coursan
Valras-Plage
Fleury
Celeyran
Vedilhan
Villedaigne
Nevian
Cruscades
Vinassan
N113
Narbonne
Cathédrale
Armissan
Ornaisons
Bizanet
A61
Le Castellas
Lunes
Moujan
Narbonne-Plage
Château Monplaisir
Gasparets
Abb. de Fontfroide
119
Gruissan
St-André-de-Roquelongue
Gruissan-Plage
5
6
7
8
0
10 km
N
© MERIAN-Kartographie

A
B
C
113
115
9
10
11
12
Montagne du L
St-Jean-du-Bruel
Arphy
Mandagout
St-Martial
Colognac
St-Roman-de-Codières
Tornac
Bréau-et-Salagosse
Le Vigan
Arrigas
Aumessas
Monoblet
Cros
Durfort
Alzon
Arre
Bez-et-Esparon
Avèze
Sumène
Rieutord
St-Hippolyte-du-Fort
Cadière
St-Jean-de-Crieulon
Logrian-Fl
Campestre-et-Luc
St-Bresson
Ganges
Montoulieu
Sauve
Montdardier
Cazilhac-Haut
Cazilhac-Bas
Grotte des Demoiselles
Quissac
Blandas
Vissec
Rogues
Gorniès
Agonès
St-Bauzille-de-Putois
Pompignan
Cirque de Navacelles
Corconne
St-Michel
Ferrières-les-Verreries
Claret
St-Maurice-Navacelles
Montagne de la Séranne
Vacquières
St-André-de-Buèges
Sauteyragues
St-Jean-de-Buèges
Mas-de-Jourdes
Pegairolles-de-Buèges
Causse-de-la-Selle
Valflaunes
St-Pierre-de-la-Fage
La Vacquerie-et-St-Martin-de-Castries
St-Martin-de-Londres
Ste-Croix-de-Quintillargues
Bénovie
St-Etienne-de-Gourgas
Hérault
Montagne de la Celette
St-Mathieu-de-Tréviers
Tréviers
Buzignargue
St-Guilhem-le-Désert
Montaud
St-Jean-de-la-Blaquière
Viols-le-Fort
Le Triadou
Les Matelles
St-Drézéry
Arboras
Guzargues
Sussargues
Loiras
St-Saturnin
St-Jean-de-Fos
St-Gély-du-Fesc
Prades-le-Lez
Salelles
Montpeyroux
Argelliers
Murles
Teyran
Aniane
Vailhauquès
St-Clément-de-Rivière
Castries
St-Guiraud
Lagamas
Montferrier-sur-Lez
Barrage du Salagou
La Boissière
Clapiers
Jacou
Clermont-l'Hérault
Gignac
St-André-de-Sangonis
Grabels
Cirque de Mourèze
Ceyras
Montarnaud
Brignac
N 109
St-Paul-et-Valmalle
St-Georges-d'Orques
Popian
Pouzols
A75
Nébian
Canet
Montpellier
N9
Le Pouget
Laverune
Cabrières
Pignan
Aspiran
Vendémian
Saussan
St-Jean-de-Védas
Lattes
Péret
Tressan
Puilacher
Cournonterral
Fabrègues
Pérols
Bélarga
Plaissan
Fontès
Paulhan
Cournonsec
Maurin
Campagnan
Agnac
Mas-de-Mante
Adissan
Carno
St-Pargoire
Villeneuve-lès-Maguelonne
Palavas-les-Flots
Nizas
Montbazin
Boyne
St-Pons-de-Mauchiens
Lézignan-la-Cèbe
Gigean
Mireval
Marcouine
Villeveyrac
Le Parc
Etang de Vic
Montagnac
Poussan
N 112
Vic-la-Gardiole
Alignan-du-Vent
La Roquette
Balaruc-le-Vieux
Aumes
N 113
Frontignan
Pézenas
Bouzigues
Loupian
Balaruc-les-Bains
Castelnau-de-Guers
Nézignan-l'Evêque
A9
Mèze
Valros
St-Thibéry
Bassin de Thau
Sète
Pinet
Félines
Pomérols
Villeroy
Florensac
N312
Bessan
Marseillan
Go
Agde
Vias
N 112
Port Ambonne
Le Grau-d'Agde
Redoute-Plage
Le Cap d'Agde
Tanger, Oran
Ibiza, Mallorca

D
E
F
9
10
11
12
Orange
Gardet
Nars
Massanes
St-Césaire
Serviers
Montaren
Uzès
Flaux
Vallguières
Maruéjols-lès-Gardon
St-Dezery
Arpaillargues
St-Siffret
St-Maximin
St-Bénézet
Garrigues
Bourdic
Castillon-du-Gard
St-Hilaire-d'Ozilhan
Lédignan
St-Chaptes
Blauzac
Collias
Sauzet
Sanilhac-Sagriès
Pont du Gard
Savignargues
Aubarne
Remoulins
Montignargues
La Rouvière
St-Théodorit
St-Bauzély
Ste-Anastasie
St-Bonnet-du-Gard
Dions
Ledenon
Moulézan
La Calmette
Poulx
Cannes-et-Clairan
Gajan
Cabrières
Pierreau
N 106
A9
Montmirat
Meynes
Crespian
Parignargues
Les Fontilles
St-Gervasy
Bezouce
Montfrin
Sardan
Vic-le-Fesq
Marguerittes
Montpezat
NÎMES
Gailhan
N 110
St-Côme-et-Maruéjols
Caveirac
Redessan
Clarensac
Rodilhan
Jonquières-St-Vincent
Fontanès
Manduel
Beaucaire
Souvignargues
Langlade
Caissargues
Bouillargues
Aujargues
Nages
Milhaud
Sommières
Calvisson
Garons
Congénies
Bernis
N 113
Junas
Aubord
Bellegarde
Aubais
Uchaud
Rhône
Boisseron
Vergèze
Vestric-et-Candiac
Mus
Villetelle
A54
St-Christol
Générac
Ambrussum
Gallargues-le-Montueux
Beauvoisin
Restinclières
Vistre
A9
N 113
Fourques
Lunel-Viel
Aimargues
Vauvert
ARLES
St-Gilles
Lunel
Marsillargues
Le Cailar
Valergues
N572
Salliers
St-Just
Franquevau
Lansargues
St-Nazaire-de-Pezan
St-Laurent-d'Aigouze
Candillargues
N979
Parc Naturel Régional de Camargue
N62
Aigues-Mortes
N570
Etang de Vaccarès
Le Boucanet
Le Grau-du-Roi
Astouin
Port-Camargue
Phare de l'Espiguette
Parc Ornithologique
Stes-Maries-de-la-Mer
Phare de la Gacholle
Phare de Beauduc
fe du Lion
0
10 km
© MERIAN-Kartographie

A
B
C
13
14
15
16
114
Carcassonne
La Cité
Montréal
La Cassaigne
Fanjeaux
La Force
Arzens
St-Géniès
Lavalette
Brezilhac
Gayda
Orsans
Ferran
Lavax
Cavanac
Palaja
Berriac
N 113
A61
Barba
Badens
Monze
Pradelles-en-Val
Caulet
Gramazie
Preixan
Couffoulens
Belvèze-du-Razès
Cambieure
Gaure
Malviès
Verzeille
Cépie
Pech
Lauquette
Ladern-sur-Lauquet
Domneuve
Fabiès
Trebet
Alaigne
St-André
St-Hilaire
Caudeval
Pieusse
Gardie
Limoux
Villebazy
Plateau de Lacamp
St-Pierre-d
Peyrefitte-du-Razès
Ajac
Castelreng
Belcastel-et-Buc
Camon
N118
Les Gélis
Château de Durfort
Magrie
Aude
Villardebelle
St-Benoit
Missègre
Montjoi
Vignevieil
St-Couat-du-Razès
Bouriège
Chalabre
Veraza
Valmigère
Bgel de Montbel
Castel-Nègre
Terroles
Lanet
Corneilla
La Serpent
Luc-sur-Aude
Peyrolles
Albières
Mouthou
Rivel
Rouvenac
Montazels
Arques
Puivert
Espéraza
Serres
Col du Paradis
N 117
Blau
Rennes-les-Bains
Corbières
Quillan
Soulatgé
8
Plateau de Sault
Coudons
Château de Peyrepertuse
Belvis
Belvianes-et-Cavirac
La Peyre
Espezel
Marsa
Prugnanes
Caudiès-de-Fenouillèdes
St-Paul-de-Fenouillet
Lapradelle
Niort-de-Sault
Aunat
Bessède-de-Sault
Axat
Puilaurens
Castel Fizel
Le Clat
Gorges de St-Georges
Salvezines
Fenouillet
Fontanès-de-Sault
Castel Sabarda
Défilé d'Adouxes
Gorges de l'Aude
Le Vivier
Gincla
Fenouillèdes
Ansignan
Le Bousquet
Mijanès
Rouze
Montfort-sur-Boulzane
Château d' Usson
Roquefort-de-Sault
Sournia
Trilla
Bruyante
Rabouillet
Le Pla
Carcanières
Pic Dourmidou
1843
Campoussy
Tréville
Quérigut
Château du Donézan
Col de Jau
Le Roc Blanc
2542
Tarerach
Montalba-le-Château
Puyvalador
Odeillo
Madres
2469
Mosset
Molitg-les-Bains
Arboussols
Marcevol
Rodès
Fontrabiouse
Réal
Urbanya
Campôme
Formiguères
Nohèdes
Marquixanes
Vinça
Mont Coronat
2172
Conat
Prades
Rigarda
Los Masos
Finestret
Villefranche-de-Conflent
10
Vernet-les-Bains
Les Angles
Lac de Matemale
Evol
Jujols
Grottes des Canalettes
Taurinya
Olette
Serdinya
Fuilla
Conflent
Bouleternère
Lac de Bouillouses
Baillestavy
Défilé des Graüs
Fillols
Pyrénées 2000
La Llagonne
Gorges de la Carança
Escaro
Vernet-les-Bains
Valmanya
Font-Romeu
Odeillo
Mont-Louis
Thuès-entre-Valls
Sahorre
Pic du Canigou
2784
Bolquère
Fontpédrouse
Via
N116
Planès
Estavar
Eyne
Pic Redoun
2677
Mantet
Saillagouse
Llo
Cambras d'Aze
2747
Massif du Canigou
Corsavy
Llous
Pic de la Dona
2702
Pic du Géant
2882
Montferrer
Osséja
La Preste
Le Tech

115
D
E
F
13
14
15
16
Villedaigne
Védilhan
Celeyran
Corbières
Montbrun-des-Corbières
Nevian
Vinassan
Luc-sur-Orbieu
N113
Narbonne
Cathédrale
Armissan
Douzens
Moux
Ornaisons
Bizanet
A61
Comigne
Fontcouverte
Grand Caumont
Le Castellas
Château Monplaisir
Lunes
Moujan
Narbonne-P
Boutenac
Ferrals-les-Corbières
Gasparets
Camplong d'Aude
Fabrezan
Abb. de Fontfroide
Bages
Ardolou
Ribaute
Thézan-des-Corbières
St-André-de-Roquelongue
Etang de Bages et de Sigean
Gruissan
Gruissan-Plage
Lagrasse
Caraguilhes
Montséret
Peyriac-de-Mer
A9
Orbieu
Réserve Africaine
Talairan
Fontjoncouse
Sigean
Villesèque-des-Corbières
Port-la-Nouvelle
Villerouge-Termenès
Berre
Cascastel-des-Corbières
Durban-Corbières
Roquefort-des-Corbières
Davejean
Villeneuve-les-Corbières
St-Jean-de-Barrou
Fraissé-des-Corbières
N9
Embres-et-Castelmaure
Feuilla
Caves
Maisons
Ségure
La Franqui
Notre-Dame de Faste
Treilles
Leucate
Torgan
Fitou
Leucate-Plage
Tuchan
Château d'Aguilar
Opoul-Périllos
Padern
Paziols
Pas de l'Escale
Etang de Leucate ou de Salses
Port-Leucate
Château de Quéribus
Vingrau
Forteresse de Salses
Salses
Port-Barcarès
Tautavel
Roboul
N117
St-Hippolyte
Rasiguères
Latour-de-France
Estagel
Rivesaltes
St-Laurent-de-la-Salanque
Claira
Cassagnes
Montner
Calce
Baixas
Pia
Torreilles
Caladroi
Ermitage
Bompas
Ste-Marie-Plage
Bélesta
St-Estève
Corneilla-la-Rivière
Ste-Marie
Néfiach
Millas
Baho
PERPIGNAN
N116
Canet-Plage
St-Féliu-d'Avall
Le Soler
Cabestany
Toulouges
Côte Vermeille
Corbère-les-Cabanes
Canohès
Saleilles
Théza
Thuir
Pollestres
Castelnou
Ponteilla
Alénya
St-Cyprien-Plage
Ste-Colombe
Terrats
Trouillas
Montescot
St-Cyprien
Bages
Villemolaque
Fourches
St-Jean-Lasseille
Elne
Col de Fourtou
Tordères
Ortaffa
Palau-del-Vidre
Tresserre
Brouilla
N114
Argelès-Plage
La Bastide
Calmeilles
La Grange
St-André
Argelès-sur-Mer
St-Marsal
Oms
Llauro
Collioure
Vivès
Taulis
Taillet
Le Boulou
Sorède
Cap Béar
Céret
Port-Vendres
Banyuls-sur-Mer
Amélie-les-Bains-Palalda
Chaîne des Albères
Le Perthus
Serra de l'Albera
Grotte de Pouade
Arles-sur-Tech
Cerbère
SPANIEN
A7
Portbou
Cantallops
0
10 km
N
© MERIAN-Kartographie

Hier finden Sie alphabetisch aufgeführt alle in diesem Band beschriebenen Orte und Ziele, Routen und Touren. Bei einzelnen Sehenswürdigkeiten steht jeweils der dazugehörige Ort in Klammern, bei Hotels steht zusätzlich die Abkürzung H für Hotel. Außerdem enthält das Register wichtige Stichworte sowie alle MERIAN-TopTen und MERIAN-Tipps dieses Reiseführers. Wird ein Begriff mehrfach aufgeführt, verweist die **fett gedruckte** Zahl auf die Hauptnennung im Band, eine *kursive* Zahl verweist auf ein Foto.

Liebe Leserinnen und Leser,
wir freuen uns, Ihre Meinung zu diesem Reiseführer zu erfahren. Bitte schreiben Sie uns, wenn Sie Berichtigungen und Ergänzungsvorschläge haben oder wenn Ihnen etwas besonders gut gefällt:

TRAVEL HOUSE MEDIA GmbH, Postfach 86 03 66, 81630 München
E-Mail: merian-live@travel-house-media.de, Internet: www.merian.de

DIE AUTORIN
Diesen Reiseführer schrieb **Gisela Buddée**. Nach einem Pädagogik- und Kunststudium arbeitete sie als Redakteurin und Lektorin. Seit 1994 lebt und schreibt sie als freie Journalistin in Berlin und ist seit mehr als 20 Jahren auch in Südfrankreich zu Hause. Für MERIAN *live!* hat sie u. a. die Bände »Provence«, »Côte d'Azur«, »Ostfriesland mit Inseln«, »Berlin« sowie »Rügen« verfasst.

Bei Interesse an Karten aus MERIAN-Reiseführern schreiben Sie bitte an:
iPUBLISH GmbH, geomatics
Berg-am-Laim-Straße 47
81673 München
E-Mail: geomatics@ipublish.de

Bei Interesse an Anzeigenschaltung wenden Sie sich bitte an:
KV Kommunalverlag GmbH & Co KG
MediaCenterMünchen
Tel. 0 89/92 80 96 - 44
E-Mail: kramer@kommunal-verlag.de

FOTOS
Titelbild: Pont du Gard (laif/Krinitz); alle Bilder von Th. Stankiewicz außer: G. Allescher 93; F. M. Frei 4/5, 14, 20, 32/33, 38, 52, 58; Huber/Gräfenhain 36; REA/laif (Christophe Ena) 48; J. Scholten 7, 8, 11, 22, 34, 41, 42, 46, 63, 71, 72, 76, 78, 87, 92, 94; H. Specht/laif 29, 30, 90/91, 98/99

PROGRAMMLEITUNG
Susanne Böttcher
REDAKTION
Susanne Kronester
LEKTORAT
Fritz Jensch
GESTALTUNG
wieschendorf.design, Berlin
MERIAN-QUIZ
Verónica Reisenegger
(Konzept und Idee)
KARTEN
MERIAN-Kartographie
SATZ
Filmsatz Schröter, München
DRUCK
Appl, Wemding
BINDUNG
Auer, Donauwörth
GEDRUCKT AUF
Nopacoat Edition von der Papier Union

1. Auflage

TRAVEL HOUSE MEDIA

100 JAHRE
GANSKE VERLAGSGRUPPE

Languedoc-Roussillon

MERIAN-Tipps

Tipps und Empfehlungen für Kenner und Individualisten

1. **Fischerstechen/Joutes**
Vergnügliche Sommerspiele, bei denen mindestens einer ins Wasser fällt (→ S. 24).

2. **In Le Grau-du-Roi aufs Fischerboot**
Einmal im Leben Fischer sein! Dieser Traum wird wahr, wenn man auf einem der Fischerboote anheuert, die hier morgens hinausfahren (→ S. 31).

3. **Altstadtbummel in Nîmes**
Enge Gassen, kleine Geschäfte und schattige Cafés verführen zum Flanieren (→ S. 40).

4. **Salins du Midi**
Wie das Salz aus dem Meer auf den Tisch kommt, erfährt man hier (→ S. 41).

5. **Cellier Morel in Montpellier**
Dieses außergewöhnliche Restaurant bietet seinen Gästen die bodenständige Küche der nahe gelegenen Berge an (→ S. 59).

6. **Cirque de Mourèze**
Eine beeindruckende Landschaft, die man am besten zu Fuß erobert (→ S. 63).

7. **Musée Hurepel in Minerve**
Hier wird die grausige Vergangenheit der Katharer, ihrer Burgen und Kämpfe, anschaulich illustriert (→ S. 78).

8. **Nordafrikanischer Basar in Perpignan**
Place du Puig und Place Cassanyes verwandeln sich jedes Wochenende in einen bunten und quirligen Markt (→ S. 82).

9. **Musée d'Art Moderne in Céret**
In dem kleinen Ort steht ein wahrhaft großes Museum, das Picasso ermöglicht hat (→ S. 86).

10. **Train Jaune**
Eine kleine Schmalspurbahn bringt Urlauber von Villefranche-de-Conflent nach Latour-de-Carol (→ S. 89).

← MERIAN-TopTen finden Sie auf Seite 1